# 元宇宙

## 大变革前夜

龚才春　编著

中央党校出版集团　大有书局

**图书在版编目（CIP）数据**

元宇宙：大变革前夜／龚才春编著．—北京：大
有书局，2022.9
ISBN 978-7-80772-094-2

Ⅰ．①元…　Ⅱ．①龚…　Ⅲ．①信息经济-通俗读物
Ⅳ．①F49-49

中国版本图书馆 CIP 数据核字（2022）第 158443 号

| | | |
|---|---|---|
| 书　　名 | 元宇宙：大变革前夜 | |
| 作　　者 | 龚才春　编著 | |
| 责任编辑 | 叶敏娟　　王佳伟 | |
| 责任校对 | 李盛博 | |
| 责任印制 | 袁浩宇 | |
| 出版发行 | 大有书局 | |
| | （北京市海淀区长春桥路 6 号　　100089） | |
| 综 合 办 | （010）68929273 | |
| 发 行 部 | （010）68922366 | |
| 印　　刷 | 北京盛通印刷股份有限公司 | |
| 版　　次 | 2022 年 9 月北京第 1 版 | |
| 印　　次 | 2022 年 9 月北京第 1 次印刷 | |
| 开　　本 | 170 毫米×240 毫米　1/16 | |
| 印　　张 | 13.75 | |
| 字　　数 | 184 千字 | |
| 定　　价 | 56.00 元 | |

本书如有印装质量问题，可随时联系调换，联系电话：（010）68928947

# 科技监管历来都是刀锋上的舞蹈

Facebook 改名 Meta，仿佛一夜春风，而元宇宙就是那一树树一夜之间竞相开放的梨花。元宇宙浪潮似乎来得太过凶猛，很多人还没有做好准备，它就忽然闯入了每个人的世界。政府还没有想好监管的策略，学者还没有想好学术的方向，企业家还没有想好创业的思路，普通大众还没有想好如何在元宇宙生活，但是元宇宙已经真真切切地来了。近来最劲爆的新闻莫过于卡内基梅隆大学开发出搭载在 Meta Quest 2 头显上的硬件模块，让用户在虚拟现实中体验喝水、刷牙和亲吻的触感。"元宇宙接吻"都来了，我们必须为元宇宙做好准备。

元宇宙通过在现有互联网的基础上增加沉浸式的体验，引入虚拟人作为元宇宙的入口，引入区块链技术构建价值网络、信用网络，实现经济系统，数字孪生技术又为我们将现实世界映射到元宇宙提供了工具和手段，云计算和 5G 网络为元宇宙提供了基础设施保障，人工智能等技术又为元宇宙提供了高效的内容生成机制……于是一个丰富多彩的数字世界诞生了。在这个数字世界里，我们可以生活、游戏、工作、社交，可以体验不同的人生。

2017 年，挂着区块链技术外衣的 ICO，严重扰乱了我国的金融秩序，也让很多人蒙受了巨大的损失，这一切还历历在目。今天，挂着区块链技术外衣的元宇宙、Web 3.0 再一次进入我们的视野。这是新瓶装旧酒，还是科技大创新，又成了考验监管部门智慧的难题。

互联网在我国发展将近 30 年，我们经历了 Web 1.0 时代和 Web 2.0 时代。在 Web 1.0 时代，所有的内容都由权威机构生成，我们称之为 PGC，即 Professional Generated Content。最典型的莫过于中央电视台、人民日报、新华社等权威媒体发布的新闻。随后互联网进入 Web 2.0 时代。在这个时代，平台的用户可以产生内容，比较典型的就是博客、微博、微信、抖音，它们分别产生文章、博文、消息和短视频。这些内容都是由平台的用户产生的，我们一般称之为 UGC，即 User Generated Content。在 Web 1.0 时代和 Web 2.0 时代，我国各地政府都热情拥抱互联网，支持互联网快速发展，加强互联网基础设施建设，妥善处理政府监管与科技创新的关系，使我国互联网产业迅猛发展。目前数字经济占我国 GDP 的比重已经接近 40%。

科技发展日新月异，抓住科技发展的机遇，能够让我们获得科技发展的红利；错失科技发展的机遇，则可能让我们失去发展的良机。科技新事物开始的时候一般都有这样或那样的问题。放任科技恣意发展，容易造成社会资源的严重浪费，扰乱金融秩序，扰乱媒体宣传，给正常的社会生产生活带来恶劣影响。直接将科技新事物扼杀在摇篮中，则有可能让我们失去一个发展的时代。曾经的"红旗法案"让英国失去了汽车发展的高速时期。中国互联网快速发展的时期，欧洲错过了互联网发展的良机，现在正奋起直追。因此制定合适的科技监管政策，考验着各级领导的智慧。所有的科技监管历来都是刀锋上的舞蹈，必须准确掌握监管与创新的平衡点。稍微偏左或者稍微偏右，都有可能失之毫厘谬以千里。

以区块链技术为核心的两个术语，同时映入人们眼帘：Web 3.0 和元宇宙。如何对 Web 3.0 和元宇宙进行有效监管，成为大家共同关注的话题。秦始皇焚书坑儒没有阻止儒学的传播。汉初不允许私家藏书，也没有阻挡儒学的发展。在 Web 2.0 时代，我国政府巧妙地处理了 BBS 论坛、手机短信、博客、微博、微信、抖音、快手等媒体的监管与发展的关系，让我国搭上互联网的快速列车，实现了经济的快速增长。

Web 3.0 是一种分布式的媒体传播以及内容确权机制，以区块链技术来确定内容的所有权，不可篡改、不可删除，挑战了中心化平台对用户内容的无偿剥夺，同时也给监管带来了新的挑战，是对监管智慧的又一次考验。

同样地，元宇宙也采用区块链技术来实现数字身份、数字资产、数字货币和数字交易，从而构建起完整的经济体系。在未来，人们消费的大部分产品将是数字产品，其交易将使用数字货币来实现。我们是制止这个趋势，还是搭上这个趋势的快车？这也在考验我们的智慧。

区块链技术、人工智能技术、大数据技术等都是我国的国家战略，但也是美国等国家的国家战略。美国已经将这些技术列为禁止向中国出口的核心技术。元宇宙的历史车轮滚滚而来，我们不应设法阻挡它，而是应该驾驭它。驾驭一个新技术、新浪潮的最好的方式就是足够了解它，并能对其未来的发展趋势做出准确的预测。

龚才春博士的《元宇宙：大变革前夜》，内容丰富，观点鲜明。不仅详细描述了元宇宙的缘起，也介绍了元宇宙的各种技术，以及各种技术之间的联系，对元宇宙的产业发展、伦理道德、经济体系、社会治理体系、风险等进行了叙述。本书是目前国内对元宇宙介绍非常详细、完整、专业的著作，相信大家都能够从中获益，祝愿大家在元宇宙时代里健康生活、快乐成长、幸福工作。

中国工程院院士

序二

# 元宇宙基于人人都可构筑的愿景

人类之所以区别于动物，就是因为人类从智人开始，就具有愿景（vision），有创造想象的理想空间的能力，即超越了已建造的物质空间的非现实的未来梦想。

人和人为什么在一起？因为你的想象和我的想象是相通的，人们才能凝聚在一起，为实现共同的愿景（vision）合作。这样想象的共同愿景，首先是以语言口口相传的神话；以后有了绘画传达，表达人的情感和对世界的理解；再后，有了文字形成的小说、诗歌、剧本，传达价值观，以判断好恶；有了电以后，又产生了电影，综合了前面的艺术形态，电视网络更加把社会群落联系在一起，以凝聚更多人、同时间的梦想传递；今天，我们有了数字技术，可以用数字展示梦想的世界。

更重要的是，元宇宙使创造、表达理想世界的能力不再局限于一小部分人类，如过去的文学家、艺术家、电影人。今天的元宇宙，每个具有创意的个人都能创造这样的理想愿景。

关键的进步是，在创造元宇宙的过程中，所有参与者都可以交互地共构、同建未来的理想空间。

元宇宙的未来技术攻关、产业发展、经济体系、伦理道德、法律、社会治理的问题，也会是划时代的、历史创新过程中的问题。龚才春博士将其多年的经验与思考贡献于《元宇宙：大变革前夜》，读者也许能在大浪中发现你所要寻找的那一块贝壳。

是为序。

中国工程院院士

上海市政府参事

序三

# 元宇宙道路艰辛但前途光明

对虚拟世界的想象和向往是人的基本精神需求之一，人类的这一精神需求，可以追溯至文明的早期，如远古神话、传说等，这些内容以图像、文字、声音等形式通过视觉、听觉被人们感知。受限于早期技术条件，人们在对其感知的过程中，对想象的依赖程度比较高，所以，元宇宙的内涵在人类文明早期就存在，并发展至今。

纵观人类发展历史，不难发现，处于发展优势的民族，其发展优势的取得和保持，往往与拥抱新技术的积极、开放的心态是分不开的。英国主导了工业革命，美国主导了电气化和信息化革命，他们都因此而长期享受到了丰厚的发展红利。进入 21 世纪后，我国对于互联网技术的热情拥抱，和广大互联网科技工作者多年的努力，也已经使我国在互联网领域取得了相对领先的优势，享受到了技术红利。与我国形成对比的是，欧洲由于错失了互联网热潮发展的良机，当前已在积极反思和调整，蓄力追赶。对于元宇宙，我们毫无疑问还是应该继续积极热情拥抱的。

诞生于 1969 年的互联网，是一种利用科技手段搭建的与现实世界存在映射和交互的虚拟世界，也是现代元宇宙发展的基石。经过 20 年移动互联网的普及，我国互联网行业发展已趋于平稳，用户规模已趋向稳定。2021 年第二季度我国网民规模达 10.11 亿，用户日均使用时长为 5.8 小时。数据表明，移动互联网时代的流量红利正逐步消失，我国互联网行业发展接近天花板。随着硅基算力、网络带宽的快速提升，虚拟现实和增强现实技术逐步发展和成熟，高清显示技术经过数轮进化和迭代，已趋于人类视觉接受的上限，脑机接口技术也取得长足发展。在这些技术条件下，为人类社会呈现一种更加高维度、高精度、高像素、与人的交互更加实时和深入的虚拟世界，为人们的精神生活、社会交际和经济活动提供一个比现在互联网更高维的虚拟空间，已具备现实可能。

元宇宙正在成为互联网进化的未来形态，成为打破虚拟与现实隔阂的解决方案，推动元宇宙相关技术及产业的发展，对做强、做优和做大我国数字经济至关重要。然而，元宇宙市场仍然存在以下主要问题：概念界定尚未统一，基础研究支撑不足；市场发展盲目无序，投资过热；核心技术有待突破，应用场景难以协同；统一标准尚未构建，网络体系远未形成；优质人才供给匮乏，创新发展后劲不足。我们需要瞄准元宇宙的发展契机，强化技术创新，洞察应用需求，明辨产业趋势，加强监管立法，重视宣传引导，加快布局元宇宙新赛道，推动元宇宙产业规划健康持续发展，打造数字经济发展新高地。

特别值得一提的是，近年来在一些新技术面世之际，一些心术不正的人往往以新技术为幌子，大搞集资诈骗，部分风险识别能力欠缺的公众容易因此受损，这不仅给投资者造成损失，往往也使新技术蒙受公众的负面评价，并因此影响甚至阻滞了新技术的正常良性发展。现阶段，元宇宙仍是一个不断演化、不断发展的概念，是整合多种新技术而产生的新型虚实相融的互联网应用和社会形态。这就要求我们坚持发展和规范并重的监管理念，以"鼓励创新、包容审慎、严守底线"为原则，精准把握监管和创新的平衡点，为元宇宙市场稳健发展留足空间，同时积极引导企业投资，鼓励创新经营，基于对未来技术发展的长远判定进行顶层设计，制定元宇宙技术与产业发展专项战略规划，推动元宇宙与实体经济的相互融合发展，并把握监管重点，严守监管底线，在引导投资、伦理风险、数据安全、隐私保护等方面出台相应的法律法规，实现有效监管，防范元宇宙在发展过程中带来的资本绑架、价值伦理及虚拟空间管控等问题，在监管过程中统筹发展与安全。

总之，一项新技术从萌发走向成熟的过程，一定是异常复杂、曲折和艰辛的。龚才春博士这本《元宇宙：大变革前夜》，为社会各界在较短时间内相对全面地认识元宇宙提供了一个非常便利的工具。

我在此也祝愿读者和产学研各界朋友们，在元宇宙技术发展和产业化、商业化的过程中，展露才华，为社会创造更多的价值，开创我们的事业，实现我们的个人价值！

中国工程院院士

# 目　录

**第 1 章　什么是元宇宙？　/001**

1.1　Facebook 一声炮响　/003

1.2　互联网的尽头是元宇宙　/006

1.3　元宇宙率　/010

1.4　元宇宙泡沫率　/016

1.5　元宇宙与孙悟空的法术　/021

1.6　元宇宙与下一代人类文明　/022

1.7　元宇宙与 Web 3.0　/023

1.8　元宇宙与时空逆转　/025

1.9　到底什么是元宇宙？　/026

1.10　元宇宙凭啥这么火？　/032

**第 2 章　元宇宙只是现有技术的集成？　/037**

2.1　BAND 技术体系　/039

2.2　BIGANT 技术体系　/039

2.3　We aimed to begin 技术体系　/044

2.4 BASIC（百思）技术体系 /044

2.5 元宇宙技术参考架构 /046

2.6 元宇宙的分层技术模型 /060

2.7 中国元宇宙技术的现状及完善 /065

## 第3章 不同国家、地区元宇宙发展状况如何？ /069

3.1 美国元宇宙现状 /071

3.2 日本元宇宙现状 /084

3.3 韩国元宇宙现状 /085

3.4 欧洲元宇宙现状 /088

3.5 中国元宇宙现状 /092

## 第4章 如何发展元宇宙产业？ /105

4.1 我国元宇宙产业现状 /107

4.2 波尔元宇宙指数 /110

4.3 元宇宙的主要产业应用场景 /112

4.4 元宇宙产业的顶层设计 /115

4.5 元宇宙是未来经济的支柱产业 /124

## 第5章 元宇宙发展面临哪些问题？ /127

5.1 伦理、道德与法律的界定 /129

5.2 元宇宙的伦理道德问题 /131

5.3 元宇宙的道德构建 /134

5.4 计算机伦理的探索 /137

5.5 关注现实世界的人性发展 /139

5.6 元宇宙的法律界定 /140

5.7 元宇宙的数据安全与隐私保护 /145

5.8 元宇宙的科技监管 /149

第 6 章　元宇宙发展伴随哪些风险？　/165

6.1 恶意炒作的风险 /167

6.2 元宇宙经济运行风险 /170

6.3 沉迷上瘾风险 /172

6.4 技术不成熟风险 /174

6.5 知识产权风险 /179

第 7 章　元宇宙走向何方？　/181

附录　本书互联网用语释义 /193

参考资料 /196

后记　大变革前夜 /199

# 第1章

# 什么是元宇宙？

要讲述元宇宙，第一个要厘清的问题就是什么叫元宇宙。现阶段，每个人心里都有一个元宇宙。所以我们先来厘清到底什么是元宇宙，给大家回顾一下元宇宙的前世今生，以及元宇宙与现在很流行的若干术语的关系。

## 1.1　Facebook 一声炮响

"元宇宙"这个概念大家听得太多了，讲过的人也太多了，不同背景的人以不同的视角来看待元宇宙，不同利益诉求的人会对元宇宙有不同的诠释。现在元宇宙已经成为一个科技话题，那么工程师、科学家就有义务要站出来解释一下什么叫元宇宙。

1994 年互联网进入中国，从 1994 年到 2000 年，那几年大家问得最多的问题就是"什么是互联网？"。经过近 30 年的发展，互联网已经融入我们每个人的生活和工作，已经成为我们生活的一部分，我们每个人每天都在接触互联网，因此，现在已经不需要再解释什么叫互联网了。

元宇宙于 2021 年进入大众视野，我相信到 2025 年之前，还是会有很多人问"到底什么是元宇宙？"。但是我估计，再过 10 年就没有人再问什么叫元宇宙了，就像我们现在没有谁会问"什么叫互联网"。

本节的标题叫作"Facebook 一声炮响"，倒不是说 Facebook 最早提出元宇宙，而是因为 Facebook 让中国人普遍知道了元宇宙这个概念。元宇宙的爆发，有三个标志性的事件。第一个标志性事件，1992 年，美国科幻作家尼尔·斯蒂芬森（Neal Stephenson）写了一本小说《雪崩》。第二个标志性事件，2021 年 3 月 11 日，Roblox 公司在美国上市，并且在招股说明书中明确表示其是一家元宇宙公司。第三个标志性事件，2021 年 10 月 28 日，Facebook 的扎克伯格宣布将公司名称改为 Meta。

### 1.1.1　神奇的《雪崩》

"元宇宙"这个术语来源于美国。小说《雪崩》是一部以网络人格和虚拟现实的初步暗示为特色的赛博朋克小说，描绘了超现实主义的数字空间"Metaverse",为地理空间所阻隔的人们可通过各自"化身"（Avatar）相互交往，度过闲暇时光，还可随意支配自己的收入。该书第一次提出了我们现在耳熟能详的"元宇宙"（Metaverse）和"化身"（Avatar）这两个术语。

豆瓣关于《雪崩》一书的介绍这样写道：

> 中央情报局成了中央情报公司，国会图书馆成了中央情报公司数据库；至于国会，没几个人知道它是什么玩意儿。美国的大地上到处是特许邦国，也就是特许经营组织准国家实体，一种类似麦当劳连锁店的机构。
>
> 美国政府呢？这个东西仅仅存在于不多的几处联邦建筑里，由联邦特工持枪把守，随时准备抵抗来自街头的袭击。
>
> 这就是未来的美国，一个车水马龙与颓废荒凉并存、尖端科技与野蛮低俗混杂之地。
>
> 但在这片喧嚣混乱之上，还存在着另一个无比广阔、无比自由的国度：赛博空间，由电脑和网络构成的虚拟空间。
>
> 在现实生活中，本书主人公只是个微不足道的披萨速递员，但在虚拟空间中，他是首屈一指的黑客、擅使双刀的高手。这样的人拥有毁灭世界的力量——也可以拯救这个世界……

"化身"，这个术语最早起源于梵语，《佛学大词典》云：乃佛为利益地前凡夫等众生而变现种种形相之身。在印度哲学中，"化身"被认为是众神在地面上的肉体表现形式。在梵文中，"化身"一词具有透过深思熟虑，并且由于特殊目的而从较高境界"下降""转世"的含义。通俗地说，就是天神降临。或者可以理解成神下降到人世，用人的肉体施展神的力量，降世神通、天神下凡等比较接近这个词的含义。

举个中国人更容易理解的例子。在《西游记》第二十三回"三藏不忘本，四圣试禅心"中，观音菩萨为了测试猪八戒有没有变心，就变成了一个叫"真真"的美女，去试探猪八戒是否动了凡心。这个"真真"就是观音菩萨的一个化身。

当然，我相信许多读者都看过一部电影叫《阿凡达》。该片主要讲述人类到遥远的星球潘多拉开采资源，并能利用人类和纳美人的基因创造出属于自己的阿凡达，可用意念操控。受伤后以轮椅代步的前海军高官杰克，自愿接受实验并以他的阿凡达探索潘多拉星球。在结识并爱上了当地纳美族人公主涅提妮之后，杰克在一场人类与潘多拉军民的战争中陷入两难。"阿凡达"来自英语 Avatar 的中文音译，其本意就是化身的意思。

## 1.1.2　元宇宙第一股 Roblox

2021 年 3 月 11 日，一个名不见经传的游戏公司 Roblox 在美国纽约证券交易所成功上市。在其招股说明书中，它宣称自己是一家元宇宙公司，这是世界上第一个将元宇宙写入招股说明书的公司，因此，人们习惯性地把 Roblox 称为元宇宙第一股。上市之前，其估值是 39 亿美元。3 月 11 日上市后，公司的市值当天就达到了近 400 亿美元，最高的时候涨到了 600 多亿美元。相比于它上市之前的 39 亿美元估值，涨了很多倍。

由于 Roblox 在资本市场的良好表现，中国资本圈几乎所有的人都知道了元宇宙。第一波在中国传播元宇宙的人就是资本圈的人。

Roblox 是一个兼容了虚拟世界、休闲游戏和自建内容的平台，游戏中的大多数作品都是用户自行建立的。从 FPS、RPG 到竞速、解谜，全由玩家操控圆柱和方块形状组成的小人们参与和完成。在游戏中，玩家也可以开发各种形式类别的游戏。

2021 年 11 月 9 日，在线创作游戏平台 Roblox 公司其电子游戏
"MeepCity" 和 "Adopt Me!" 的需求依然强劲，推动该公司股价在盘
后交易中上涨近 33%。

### 1.1.3　万亿巨头改名

2021 年 10 月 28 日，扎克伯格宣布把 Facebook 改名 Meta，并宣布
以后要全力进军元宇宙，争取 5 年内打造一家元宇宙公司。Facebook
的改名，基本上让中国大众一下都知道了元宇宙这个概念。元宇宙的
这一波浪潮，比 2016 年阿尔法狗（AlphaGo）战胜李世石事件给中国
对人工智能的洗礼浪潮还要巨大，影响还要深远。2016 年 3 月 15 日，
谷歌的 AlphaGo 以 4:1 战胜围棋九段李世石，这一场旷日持久的"人
机大战"在围棋界和科技界引起了巨大的舆论旋涡。一时间，仿佛全
世界的人都对人工智能加以关注，关于人工智能是造福人类还是颠覆
人类的正反观点也甚嚣尘上。阿尔法狗战胜李世石的事件，在美国并
没有引起轩然大波，但是在大洋彼岸的中国，却激起千层浪。几乎所
有中国人都知道了人工智能，并且热议人工智能。

2021 年 Facebook 改名事件，对中国元宇宙的影响，远远超过了上
一次谷歌"人机大战"。Facebook 更名 Meta 之后，更多的媒体人开始
传播元宇宙，就像阿尔法狗战胜了李世石之后，大量的媒体人开始传
播人工智能一样。

## 1.2　互联网的尽头是元宇宙

为了让大家更清楚地理解什么叫元宇宙，我来给大家捋一捋互联
网在中国的发展历史。理解了互联网在中国的发展过程，以及互联网
未来的发展趋势，那么元宇宙的前世、今生以及来世就很清晰了。

### 1.2.1　互联网发展历程回顾

1994 年，互联网第一次进入中国，那个时候互联网只能做一件事情，就是发电子邮件，这是第一个互联网业态。当时的互联网做不了任何其他事情。可能我们现在回过头来看，当时的互联网一文不值，发个电子邮件有什么价值呢？我给大家讲一个真实案例。上高中的时候，我舅舅家的表哥结婚，所以我舅舅提前一个月给我家写了一封信，告知几月几日来参加婚礼。我家收到这封信，是 37 天之后的事情，我表哥已经完婚 7 天了。

这就是那个年代特有的故事。大家就能理解，为什么发一封电子邮件意义那么重大了。我们客观地分析，电子邮件在方便性、快捷性、成本等各方面的优势都超过当年的电报系统。因此，互联网出现的第一个业态就是电子邮件服务，也出现了一批从事电子邮件服务的厂商。只是由于电子邮件服务的技术门槛和运营成本都比较低，所以后来我国的电子邮件服务大部分都免费了。

第二个互联网业态是网络聊天室。大家可以到某一个网页里面，选择某一个主题的聊天室，跟各种各样的人天南海北地交流。由于谁也不认识谁，又没有真实的姓名。女孩子会想象跟自己聊天的是一个白马王子，男孩子会想象跟自己聊天的是一个白雪公主。因为看不到对方，也不认识对方，所以我们认为互联网就是一个虚拟世界。在互联网上跟一个女孩子聊过天，我们就认为这是虚拟恋爱，是网恋。这个时候出现过抠脚大汉冒充美女跟人聊天的事情。所以有媒体说互联网就是一个虚拟世界，你不知道跟你聊天的是抠脚大汉，还是阿猫阿狗。现在，我们天天在微信上跟人聊天，再也没有人认为互联网是纯粹的虚拟世界了。大家的思维方式之所以变化这么大，其实主要原因就是大家对互联网已经足够熟悉了，就不会认为它虚拟了。

第三个互联网业态，就是新浪、搜狐、雅虎这些门户网站开始出现。大家都可以到网上看新闻了。随着互联网速度的进一步提升，互联网新闻里面已经开始有图片了。互联网出现图片，现在看起来是一个司空见惯的现象，但是在我上大学的时候，网速非常慢，我们会把浏览器的图片下载功能关闭。互联网上图片的传输和显示成为标配后，一个大事件就出现了，这就是阿里巴巴的创立。因为互联网可以传输图片，那么就可以在网页上先看看商品什么样子，电子商务就成为一种必然。

后面中国的互联网就一发不可收了，网速越来越快。我们可以听MP3音乐了。百度就是靠MP3搜索起家的。因此，网络速度可以支持传输MP3音乐的时候，百度的出现就是一个必然结果。即时通信使我们交流起来更顺畅，腾讯就出现了，这就是早期互联网的BAT三足鼎立之势。

随着网络速度的提升，出现了更多的互联网应用。我们在互联网上就可以看电视、看电影，现在都可以看直播了。这就是互联网的发展过程，网络速度越来越快，体验越来越好。从这一点，我们也可以推断互联网未来的体验还会比现在更好。

那么现在互联网哪方面体验还不是很好呢？或者说互联网的体验还有哪方面可以提升呢？那就是沉浸式体验。我们在互联网上听讲座，与在现场听讲座，感觉是不相同的。我们在网上看春节联欢晚会，与在现场看，体验是不一样的。互联网下一步要改进的主要方面就是这一点，有了沉浸式体验，互联网的体验就更好了。

### 1.2.2 移动互联网发展历程回顾

移动互联网的发展历程，也大抵如此。移动互联网出现的第一代产品，我们现在一般称为"大哥大"。大哥大只有语音通话功能，没有网络功能，而且在语音通话时，另一个人打开收音机，调成合适的频率，也能够收听到电话的内容。这个大哥大，一般被称为第一代移动通信技术，虽然现在很少有 1G 的说法。

移动互联网的第二个发展阶段，其实就是我们现在所说的 2G。第二代移动通信技术相比大哥大的主要改进，是 SIM 卡的使用。SIM 卡是 GSM 系统的移动用户所持有的 IC 卡。GSM 系统通过 SIM 卡来识别 GSM 用户。同一张 SIM 卡可在不同的手机上使用。GSM 手机只有插入 SIM 卡后，才能入网使用。

SIM 卡是 GSM 手机连接到 GSM 网络的钥匙，一旦 SIM 卡被从手机拔出，除紧急呼叫外，手机将无法享受网络运营者提供的各种服务。SIM 卡除能作为钥匙外，还为用户提供很多方便。用户只需将 SIM 卡插入或嵌入任何一台 GSM 终端，即能实现通信。SIM 卡还管理许多提供给用户业务的信息，可用来存储短信息，特别是那些当用户不开机或不在时接收的信息。第二代移动通信网络，俗称 2G，通话安全性大大加强，也实现了终端设备（手机）与用户标识（SIM 卡）的分离，同时还具有短信功能，使中国进入了"拇指时代"，发送手机短信成了一大文化特色。

第三代移动通信网络，除有语音通话功能外，还有数据服务功能，即俗称的网络流量。由于数据服务的出现，其终端设备也需要与之配套。现象级的移动互联网终端设备产品就出现了，这就是苹果手机。苹果手机的出现，是移动通信史上的一个里程碑。

第四代移动通信网络，就是现在大家都很熟悉的 4G。4G 的网速已经达到了 10 多 Mb/s，通过 4G 网络，可以用手机流畅地看直播了。

5G，也就是第五代移动通信网络，也已经于 2019 年开始在中国商用。5G 通信的速度已经达到了 100 多 Mb/s。这个速度已经非常快了，很多高清的会议、远程医疗、自动驾驶都可以满足。

移动互联网的发展也是一个网络速度越来越快，体验越来越好的过程。那么移动互联网未来发展趋势是什么？移动互联网未来还会追求速度越来越快，体验越来越好。现在的移动互联网，能够改进的就是沉浸式体验了。现在的移动互联网,不仅仅是视觉上有较大差异,听觉、触觉、嗅觉、味觉都有很大的改进空间。这就是学术上说的虚拟现实。

## 1.3 元宇宙率

元宇宙率,其实这是媒体朋友最喜欢提的一个概念。我估计读者也听过很多遍,即元宇宙其实一直都存在,已经几千年了,只是不同时代、不同场景的元宇宙率不同而已。

2022 年 1 月 12 日,腾讯新闻联合复旦大学新闻学院传播系发布《2021—2022 元宇宙年度报告》,该报告从新闻传播学的理论视角出发,结合已有的元宇宙实践展开讨论。该报告认为:元宇宙是要在现实世界之外创造一个想象的世界(fantasy)。这一努力从远古就存在,并具有不同的形式。这些形式具有不同的元宇宙率。

### 1.3.1 直观理解元宇宙率

元宇宙方兴未艾,我们应该允许各种各样的声音存在。任何科学的研究,都有相对应的假设条件。假设条件不成立,科学结论也不大可能成立;相反,如果认可其假设条件,那么一般来说,其结论也会正确。否则,这个研究就失去了意义。例如,牛顿的三大运动定律在低速、弱场的前提下才能成立,在高速或者强场的情况下就不成立了。如果我们把元宇宙理解为想象的世界,那么元宇宙率的定义以及相关的所有的观点就非常正确。

某个想象世界的元宇宙率,定义为这个想象世界的沉浸式体验程度。

如图 1-1 所示,人类第一次把大脑里的想象力发挥出来,并实际展示出来的媒体是岩洞壁画,于是岩洞壁画成了人类的第一个想象世

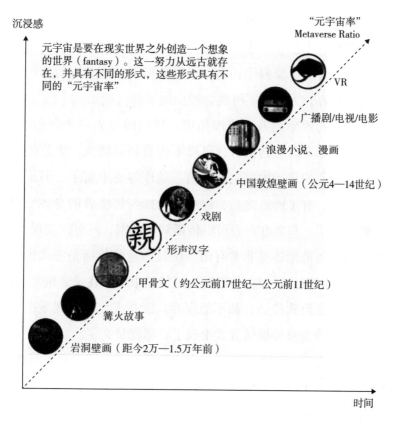

沉浸感

"元宇宙率"
Metaverse Ratio

元宇宙是要在现实世界之外创造一个想象的世界（fantasy）。这一努力从远古就存在，并具有不同的形式，这些形式具有不同的"元宇宙率"

VR

广播剧/电视/电影

浪漫小说、漫画

中国敦煌壁画（公元4—14世纪）

戏剧

形声汉字

甲骨文（约公元前17世纪—公元前11世纪）

篝火故事

岩洞壁画（距今2万—1.5万年前）

时间

**图1-1 元宇宙率**

界，这也是元宇宙率最低的媒体。用现在的术语来讲，岩洞壁画的沉浸感最差。

从媒体传播的效果来看，当面对面交流时，信息传播的效果和体验是最好的。一般媒体称这种传播方式为亲身传播，也就是人亲自去跟他人交流传播信息。但是亲身传播有很多的问题，哪怕是像孔子这样的大教育家，也只能够带数量有限的弟子。在春秋时期，由于交通和通信手段的欠缺，亲身传播是非常难的。正因为如此，孔子才需要周游列国。不管孔子多么努力，多么刻苦，他能够亲身教授的学生或能够倾听他的学说的人都非常有限。

春秋时期亲身传播尚且如此困难，可以想象，在原始社会，亲身传播就更困难，传播效率也更低。在原始社会，能够传播的途径无外乎动作、表情、声音等，能够传播的内容无外乎情绪、状态等。就像我们在动物园看到一群猴子，你可以想象猴子之间交流的内容无外乎吃喝拉撒等内容，大猴子不可能会教小猴子背《论语》。

为了传播的效率提升和范围拓展，我们的祖先首先发明了语言。说话的时候，你可以听到语言，可以不用看到说话人，于是传播的范围更大了，语言的表达内容也比表情、动作等更丰富了，但是沉浸式感觉就下降了。有了语言之后，思想的传播与传播者的身体分离，离身传播就出现了。只要在声音可以传播到的范围，就可以实现传播。

语言的传播范围还是非常有限，而且语言的传播是流式传播。语言结束后，在很短的时间内传播能力也就结束了。在录音机发明之前，语言的传播都是流式传播，都不能保存。于是人们就想到了把语言保存起来，另一种离身传播的方式出现了，那就是文字。

有了文字之后，不需要听到一个人的语言，也不需要看到这个人，也可以知道他的思想。就像我们现在背《论语》《道德经》，但是从来都没有见过孔子或者老子，孔子或者老子更没有给我们上过课，《论语》和《道德经》就是孔子和老子对我们做的离身传播。

整个历史的发展过程，可以理解为媒体技术的发展过程。语言和文字之后，又出现戏剧、壁画等媒体。文字本身也是一个不断发展的过程，从甲骨文、金文到小篆，一直到现在的简体汉字。从最初的象形、指事，到后面的会意、形声、转注、假借，文字越来越丰富。这也是一个沉浸式体验越来越差，但是传播效率越来越高的过程。

最初的文字都是书写的，传播效率还非常低下。为了进一步提高传播的效率，印刷术出现了。印刷术也是一个不断发展的过程。从大家都知晓的毕昇发明活字印刷，到后面纸媒的出现、电报的出现、电视和互联网的出现，这些都是传播方式的更新，各种媒体也相继登场。这些传播都是离身的。

从媒体发展的角度讲，媒体的发展就是一个追求沉浸式体验越来越好、传播效率越来越高的过程。现在我们对互联网媒体传播的沉浸式体验提出了更高的要求，这其实就是现在所说的元宇宙。在传统的媒体传播中，是没有亲身传播的体验的。现在我们希望互联网的媒体传播具有这种亲身传播的体验，这就是现在元宇宙媒体所追求的目标。为了减少媒体传播中信息的丢失，我们还是希望孔子"亲自"给我们讲《论语》，老子"亲自"给我们讲《道德经》，这样传播效果是最好的。

### 1.3.2　元宇宙率的生理基础

一个人已经过世了，或者虽然还健在，但是与我们距离很远，或者由于其他原因不能与我们面对面地交流。在这种情况下，我们又希望这种信息的传播与面对面交流具有同样的体验。这个诉求在技术上有没有可能实现？如果可能的话，有没有什么生理基础？这个是元宇宙必须先回答的问题，也是元宇宙存在的科学假设。如果这个科学假设不成立，元宇宙的一切学说都是镜中花、水中月。庆幸的是，这个假设是成立的，人类在虚拟世界可以获得与现实世界面对面交流一样的体验是存在生理基础的，那就是镜像神经元。

（1）神经系统简介

据调查，人体大约有 140 亿 ~ 160 亿个神经细胞，其中大脑的神经元大概有 100 亿个，而且大脑神经元是不可再生的。一般情况下，在成人以后大脑的神经元细胞数会随着年龄的增加而逐渐减少。另外，神经元的基本功能是通过接受、整合、传导和输出进行信息的传递与处理，通俗来说，神经元具有支配运动、感受信息的作用，人体通过神经元构成一个完整的个体，构成完整的神经功能。

神经元一般情况下至少可以分为两类。第一类神经元用于记忆。人类之所以有记忆功能，其实就是记忆神经元在起作用。对于记忆神经元科学家研究得比较透彻，现在计算机领域非常火热的深度学习技术就是从模拟记忆神经元系统而来的。第二类神经元我们称为镜像神经元。

（2）镜像神经元简介

镜像神经元激励我们的原始祖先逐步脱离猿类。它的功能正是反映他人的行为，使人们学会从简单模仿到更复杂的模仿。这是人类进步的伟大之处。科学家发现，人脑中有一种叫作镜像神经元的细胞在起作用。镜像神经元是近来认知神经科学研究的热点。有些研究者甚至大胆地断言：镜像神经元之于心理学，犹如 DNA 之于生物学。

脑中的神经元网络，一般被认为是储存特定记忆的所在；而镜像神经元组则储存了特定行为模式的编码。这种特性不仅让我们无须思考就能执行基本的动作，同时让我们在看到他人进行某种动作时，自身也能做出相同的动作。

传统探究现象学的哲学家早就提出：对于某些事，人必须亲身体验，才可能真正了解。对神经科学家而言，镜像神经元系统的发现，为该想法提供了实质基础，也明显改变了我们对人类理解方式的认知。

（3）镜像神经元的发现

镜像神经元其实是 1996 年才被提出的，由意大利的一位神经心理学家里佐拉蒂最早发现。他观察猴子的时候发现，给猴子喂一根香蕉，猴子去拿这根香蕉。吃香蕉的时候，猴子大脑的特定区域（大脑运动皮质 F5 区域）的神经元就会开始激活。这个很好理解，说明猴子大脑的运动皮质 F5 区域控制着猴子的口部运动和手部运动。但是奇怪的事情出现了。当科学家给一只猴子喂香蕉，这只猴子吃香蕉的时候，别的猴子大脑运动皮质 F5 区域也处于一个兴奋状态。科学家注意到，猴子大脑就像镜子一样，它自己做某件事情，其大脑特定区域会被激活，会活跃。别的猴子做同样的事情，它的大脑相应区域也会被激活，也会活跃。正因为如此，里佐拉蒂把这种神经元称为镜像神经元。

（4）人类的镜像神经元

镜像神经元的发现是人类认识自己的一个重大发现。镜像神经元的发现对心理学的影响非常重大，类似于 DNA 的发现对于生物学的影响。人类的大脑神经系统也有镜像神经元。这就解释了为什么人类的孩子一生下来，你朝他笑，他就会朝你笑，虽然他不知道笑是什么意思。你朝他吐舌头，他就会朝你吐舌头，这就是一种模仿。人类生下来就能够模仿的生理基础就是镜像神经元。

举个例子，有一位教授在讲课，忽然有一个人感觉教授讲得太差了，拿起一个鸡蛋就朝教授砸。教授肯定会下意识地躲避。问题来了：教授之前从来没有被人用鸡蛋砸过，现在第一次被人用鸡蛋砸，他是如何学会这个躲避动作的？按照深度学习的理论，模型在使用前需要大量的训练。训练好参数后，出现新的数据，模型就可以根据之前的训练过程，对新数据输出结果。既然在此之前没有人用鸡蛋砸过教授，现在忽然有人用鸡蛋砸他，按照正常的理解，教授应该不会躲避才对，因为教授没有学过"鸡蛋砸过来，就躲避"这个知识。俗话说"纸上得来终觉浅，绝知此事要躬行"。可为什么躲避砸过来的鸡蛋不需要"躬行"，甚至我们也没有从哪张纸上得来"鸡蛋砸过来，就躲避"这个知识，那么我们是怎么学会的呢？这一切都是因为人类的镜像神经元系统。人类可以从他人被鸡蛋砸过的后果，模仿出"鸡蛋砸过来，就躲避"这个知识，也能够从他人被鞋子砸过的后果，模仿出"鸡蛋砸过来，就躲避"这个知识。

（5）镜像神经元可以解释哪些现象？

正因为镜像神经元，我们从出生就会模仿。也正因为如此，虽然我们从没有见过炎帝、黄帝，但依旧认为我们是炎黄子孙。也正因为如此，我们才跟其他民族不同，具有勤劳、勇敢、善良、孝顺等民族特性。也正因为如此，我们才有了中华文化的认同，才有了文明的认同。看到我的好朋友晋升成功，我打心眼里替他高兴；看到有些地区人民由于洪水家园被破坏，虽然相隔千里，我也感到难过。同理心的生理基础也是镜像神经元。

镜像神经元还可以解释很多难以解释的现象。就像猴子看到别的猴子吃香蕉，大脑运动皮质 F5 区域也会激活，跟它自己吃香蕉激活 F5 区域一模一样。人也有相同的神经元激活机理。大家关注元宇宙，肯定听许多人说过"元宇宙是一个虚拟世界"。什么是虚拟世界？简单理解就是：我吃到美食，我很快乐，这是现实；我看见他人吃美食，我也很快乐，这就是虚拟。

镜像神经元向我们解释了，人类不一定需要亲自做了某件事情才能体会到这件事情。早晨起来后，记起昨晚做了一个美梦，梦境那么真实，让人一直都以为自己不是做了一个梦，而是亲自经历了这个梦境。

## 1.4 元宇宙泡沫率

### 1.4.1 泡沫率的定义

大家都知道目前元宇宙肯定有很多的泡沫，不仅仅在中国，在美国泡沫也很多。但是一直没有一个度量泡沫多少的标准。因此，我提出元宇宙泡沫率的概念，并给出一个简单的泡沫率的计算方法。

从过去几十年的科技史来看，每隔 10 到 15 年，就有一个新技术的周期。互联网、大哥大、GSM 网络、3G、4G、5G、人工智能、区块链、大数据、P2P、O2O 都是如此。以 10 年为期，一个新技术观点，从提出的时间开始算，如果过了 10 年还没有落地，我们很可能相信它无法实施，或即便可以实施，也会超出它的技术周期，所以就干脆认为它是技术泡沫。

元宇宙的泡沫，也可以以 10 年为期进行计算。简单来说，元宇宙泡沫率，就是 10 年内不能变成现实的元宇宙观点占比。同理，我们可以把一段时间内所有关于元宇宙文章中的全部观点进行分析，10 年内不能实现的观点总数，除以观点总数，就是这段时间内媒体文章的元宇宙泡沫率。

　　一般来说，我们不会等到 10 年后来分析元宇宙的泡沫率，现在也不会分析 10 年前某个技术的泡沫率，一般需要分析当前的元宇宙泡沫率，这就要求我们预测某个观点在未来 10 年内变成现实的概率。所以元宇宙泡沫率是一个基于概率的计算。

　　假设一篇文章 $D$ 提到 $x_1$，$x_2$，$\cdots$，$x_n$ 共 $n$ 个观点，我们以 10 年为期，若每个观点在 10 年内可能实现的概率分别为 $p_1$，$p_2$，$\cdots$，$p_n$，那么文章 $D$ 的泡沫率 $F$ 可用如下公式计算：

$$F = 1 - \frac{p_1 + p_2 + \cdots + p_n}{n}$$

一段时间的元宇宙泡沫率可以参考上述公式进行计算。

## 1.4.2　科技、科学、科幻和神话

　　科技、科学、科幻和神话，大家都有感性认识，但是很少有人对这四者做定量分析。孙悟空有火眼金睛，我们一般认为是神话。我们戴上一副眼镜，就可以通过 X 光看到包裹里夹带的海洛因，这个连孙悟空都做不到，为什么就不是神话？科技、科学、科幻和神话的本质区别是什么，不好界定，于是我们可以按照可预计变成现实的时间，来区分和衡量。

　　一般认为，在 10 年之内可以实现的观点，才是可落地、可实施的，我们就称之为科技。这也符合一般的科技发展周期。例如，无线通信网络传输速度从 10Mb/s 提升到 100Mb/s，这个可以预计在未来的 6G 实现，因此这就是"科技"。我们又把那些只有少数人会的称为"黑科技"。

　　需要超过 10 年但不超过 50 年才能够变成现实的观点，我们称之

为科学。例如，虚拟现实技术现在都有眩晕感，要实现人类可以一年365天、每天24小时都戴着虚拟现实设备，却没有任何不适感，这需要的不仅仅是虚拟现实技术的提升，还需要网络传输速度的巨大提升，视频压缩和解压缩技术的巨大提升，电池储能技术的巨大提升。因此，如果不出现技术的跃迁式发展，没有某些科学家的"顿悟"，10年之内要使虚拟现实技术的眩晕感完全消除可能性很低，这就只能称为科学了。

需要50年以上才能实现的观点，那么很可能它就属于科幻的范畴了。就像我们看到的《雪崩》，从作者提出元宇宙这个概念，到获得科技界的认可，其实已经花了30多年的时间。从现在到完全实现《雪崩》中元宇宙的场景，可能20年还不够。

科幻作家郝景芳创作的中短篇小说《北京折叠》设定了三个互相折叠的世界，隐喻上流、中产和底层三个阶层，这种场景未来50年还实现不了，这是典型的科幻。

《黑客帝国》描述了在矩阵中生活的一名年轻的网络黑客尼奥发现，看似正常的现实世界实际上似乎被某种力量控制着，尼奥便在网络上调查此事。而在现实中生活的人类反抗组织的船长墨菲斯，也一直在矩阵中寻找传说中的救世主。就这样，在人类反抗组织成员崔妮蒂的指引下，两人见面了，尼奥也在墨菲斯的指引下，回到了真正的现实中，逃离了矩阵。这时他才了解到，原来他一直活在虚拟世界当中。这也属于典型的科幻。

需要超过500年才能实现的观点，基本只能算神话了。白娘子挥动双手，念动咒语，于是水漫金山。到现在还没有谁有这个法力。一条白蛇被一个读书人救了，能够转世来报恩，这个还没有看到有实现的迹象，因此《白蛇传》只能算神话。同样，《西游记》《八仙过海》《封神榜》都是神话。

总之，科技、科学、科幻、神话各有所道，不能混淆。向大众传播科技术语的时候，要清晰地表达这到底是科技，还是科学、科幻或神话。不能用科幻来替代科技，更不能用科幻的结局讲述科技发展的未来。科幻也不是科技的未来预测。神话更多地表达劳动人民的朴实愿望，与现实的元宇宙科技完全不是一回事。

### 1.4.3　科幻和神话也非常重要

有些科学家看不起科幻和神话，认为没有任何科学依据。这个观点是非常不对的，不管是神话还是科幻，其实都非常重要。我一直很喜欢科幻和神话，我们现在看到的很多科技都源于曾经的科幻或神话。科幻和神话是科技的重要推动力，科幻和神话给了科学家无限遐想。先有了这种遐想，才能去实现。

我们都知道《西游记》是神话，讲述的是王莽篡汉时期孙悟空大闹天宫，以及唐太宗时期玄奘到西天求取佛经的故事。仔细观察生活，我们会惊喜地发现，《西游记》里面神仙的法术大部分都已经通过另外的形式实现了。孙悟空可以腾云驾雾，现在我们可以坐飞机。孙悟空可以一个筋斗翻十万八千里，其实航天员乘坐的宇宙飞船，速度不比孙悟空的筋斗云慢。《西游记》里面的千里眼、顺风耳，到现在都已经用摄像头、广播、电视、手机等方式实现了。孙悟空有火眼金睛，我们去坐一下地铁，看看地铁的安检设备，就会发现现在的科技比孙悟空的火眼金睛还要厉害。孙悟空火眼金睛，还会看走眼，让牛魔王把芭蕉扇骗走，但是地铁的安检设备不会出现这种失误。

同样，科幻也非常重要。现在人工智能如火如荼，风生水起。我们研究各种机器人，研究机器人伦理等。这些创意很多都来自由华纳兄弟影片公司于 2001 年发行的一部未来派科幻类电影《人工智能》。《人工智能》由史蒂文·斯皮尔伯格执导，裘德·洛、海利·乔·奥斯蒙特主演，于 2001 年 6 月 26 日在美国上映，讲述 21 世纪中期，人类的科学技术已经达到了相当高的水平，一个小机器人为了寻找养母，为了缩短机器人和人类差距而奋斗的故事。

我们现在热议的元宇宙，也起源于很多科幻小说和科幻电影。元宇宙、化身这两个概念本身就是在科幻小说《雪崩》中提出的。元宇宙的很多理念，也是在《黑客帝国》《头号玩家》《失控玩家》《盗梦空间》《阿凡达》等科幻电影中提出的。

总之，科学家要向科幻、神话致敬，因为我们的很多想法都来源于科幻和神话。

### 1.4.4　我们需要合适的泡沫率

我们如果把最近媒体关于元宇宙的文章都看一下，就会发现很多都是泡沫。当然，一个新的行业出现需要泡沫，没有泡沫说明这个行业没有未来；但如果全是泡沫，那么这个行业也没有未来。2016 年的时候，人工智能的泡沫是有些多的，2017 年的时候区块链的泡沫也较多。我国现在人工智能和区块链技术发展并不是特别理想，这都与当年的泡沫过多有关。

就像我们去咖啡馆点一杯卡布奇诺，要有泡沫，但不能全是泡沫。如果卡布奇诺没有泡沫，就少了卡布奇诺应有的风味，如果卡布奇诺全是泡沫，就不称其为咖啡了。我觉得目前元宇宙泡沫率控制在 40% 左右比较合适，超过 60% 可能会有风险。前面已经提到，元宇宙泡沫就是在 10 年之内还不能变成现实的观点。现在元宇宙相关的内容铺天盖地，我相信很多观点是不可实现的，或没有价值的。这就是元宇宙的泡沫。

元宇宙需要一个合适的泡沫率，泡沫率太高，说明基本都是遐想而不能落地，元宇宙泡沫就转换为资本泡沫，资本泡沫也容易转化为金融泡沫和经济泡沫。泡沫率太低，说明元宇宙没有遐想空间，大家没有期待，也不利于元宇宙的发展。

## 1.5 元宇宙与孙悟空的法术

前面讲了《西游记》是神话，我们现在看到的《西游记》，明代就成书了。《西游记》中，各种神仙有各种法术，有些已经通过现代的科技实现了，有些还没有实现。我分析了《西游记》的所有神仙法术，发现只有三个法术还没有用现代技术实现。第一个，孙悟空的七十二般变化；第二个，孙悟空可以长生不老；第三个，观世音菩萨给孙悟空的三根救命毫毛。虽然《西游记》的法术千千万万，但是大部分都用现代科技以某种形式实现了。这三个还没有实现的孙悟空的法术，就会在元宇宙里实现。

孙悟空有七十二般变化，怎么用现代科技实现？在元宇宙里，我们每个人都可以有 72 个化身，你想变成什么就是什么。孙悟空的七十二般变化，就以元宇宙中化身的形式实现了。每个人都以化身的形式进入元宇宙，前面我们又说了镜像神经元，化身在元宇宙的活动，肉身会有镜像反映，就像自己在现实中体验过一样。

同样，我们也很好理解三根救命毫毛怎么在元宇宙里实现。《西游记》第五十九到第六十一回，讲述孙悟空三调芭蕉扇的故事。孙悟空拔出一根毫毛，变作他自己，他自身却化作一条小虫，钻进了铁扇公主的肚子里。救命毫毛，用现代的说法，就是分身。就像一段程序可以复制若干份，放到不同的机器上运行一样，一个人的不同化身也可以同时出现，从而形成分身。这也就变相实现了三根救命毫毛的法术。

一个人区别于其他人的主要特征，不是物理的细胞和器官，而是灵魂、思想、知识等。这些都可以用大数据技术在云端存储和处理，并将这些生命的数据赋予我们的化身。化身是存储在互联网上的，是以计算机的硬盘或内容保存的，那么这就是可以永存的，它没有生命尽头。所以人类就通过化身这种方式，实现了长生不老。当我们在现实世界的肉身已经物理死亡后，我们的化身会永生。

## 1.6 元宇宙与下一代人类文明

有人说：元宇宙是下一代人类文明，是人类未来 500 年，甚至 5000 年的社会形态。这个我觉得很难理解，人类文明一般可以从两个维度去进行定义和分类，一个按照生产力水平来进行划分，另一个是按照生产关系来进行划分。

以生产力水平来划分人类社会，最早的人类文明就是原始社会。在原始社会，人类的生产力非常低下，人们主要靠狩猎、采集水果维持生计，使用的工具主要是简单的石器、木棍等。原始社会一般又分为旧石器时代和新石器时代。

原始社会后，人类进入农业社会。农业社会指的是人们开始有目的、有规模地种植农作物、圈养动物。人们开始修葺房子，过着定居的生活。为了更好地种植农作物，许多科技发明开始出现，犁就是一种伟大的发明。从工具上讲，也由石器逐渐过渡到青铜器、铁器、铝器等。在农业社会，普遍使用的动力来源是生物能，主要包括人力和畜力。

农业社会后就是工业社会。工业社会相比于农业社会，主要区别在于动力的来源。农业社会靠生物能，主要是人力和畜力。而人类进入工业社会，是以瓦特改良蒸汽机为标志。英国发起了第一次工业革命，也率先成为工业国家。

在工业社会有一个特殊的事件，那就是电的发明。我们把电的发明以及各种电器的使用，称为第二次工业革命。美国快速完成了工业化，并引领了第二次工业革命，进入电气化时代。

由于电的大规模推广和使用，电子计算机出现，人类逐步进入信息社会。信息社会的标志是 1946 年美国发明第一台电子晶体管计算机。信息社会与工业社会的主要区分在于电脑的使用以及互联网的出现，大大提升了人类的交流效率和生产力水平。

信息社会的发展，使我们需要一个沉浸式的互联网，需要一个更加完善的虚拟世界，以满足我们在物理世界不能实现的各种愿望，体验各种不同的人生。这就是元宇宙社会。

总之，我认为从生产力的发展水平来看，可以把人类文明分为原始社会、农业社会、工业社会、信息社会和元宇宙社会。元宇宙社会也是信息社会的下一个必然趋势，或者说元宇宙社会就是信息社会的一部分，是信息社会的高级阶段。

以生产关系，也就是人与人之间的关系来划分人类社会，有人把人类文明划分为原始社会、奴隶社会、封建社会、资本主义社会、社会主义社会、共产主义社会、元宇宙社会。如果是部落内协作、部落间敌对关系，我们称之为原始社会；如果是奴隶和奴隶主关系，我们称之为奴隶社会；如果是地主和农民的关系，我们称之为封建社会；如果是资本家和工人的关系，那么一般是资本主义社会；我们现在是社会主义社会，后面是共产主义社会。那么共产主义社会之后呢，真的是元宇宙社会吗？元宇宙社会到底应该有什么样的特征，其实并不是特别清晰。所以说元宇宙社会是社会主义社会或共产主义社会之后的人类文明，这个很难成立。我们很难想象人类的未来 500 年甚至 5000 年之后的社会形态，更没法预测未来 500 年之后就是元宇宙社会。

## 1.7 元宇宙与 Web 3.0

现在大家可能还经常听到一个概念叫 Web 3.0。很多媒体都在宣传：美国不讲元宇宙，只讲 Web 3.0。这个标题我估计很多人都看过。

但实际上这只是标题党而已。Web 3.0 和元宇宙，其实并不一定是对立的概念，它们根本就不是同一个维度的概念。

Web 1.0，也称为互联网 1.0，即 PGC，也就是权威机构发布内容的一种方式。最早可以发布新闻的单位可能就只有几家，如中央电视台、新华社、人民日报等，这些都是权威机构，其发布的内容就称为 PGC。

Web 2.0 时代，也称为互联网 2.0，即 UGC，也就是用户也可以发布内容。例如，有了手机短信之后，我们可以通过手机短信给朋友发送问候，传递信息。人们可以到论坛上面去发布情感、学术、交友、招聘等内容，也可以到网络聊天室里跟天南地北的人交流。不久，就出现了博客，随后出现微博。现在通过抖音和快手，可以发送短视频。这些都是用户自己上传内容，称为 UGC。

在 Web 2.0 时代，用户产生内容的收益是被平台收割的。举一个例子，某网红在抖音上发了一个很火的视频，那么产生的收益到底被谁赚走了？大部分被抖音赚走了，网红并没有参与抖音利润分配机制的制定。

大量的用户只能屈从于平台。对平台的规则没有制定的权利，对平台产生的利润也没有分配的权利，这是 Web 2.0 最主要的问题，也是 Web 2.0 被大家诟病的主要原因。

所以 Web 3.0 就期望解决这个问题。而要解决这个问题，首先是确权。用户在互联网上发布的某个内容，需要确定其所有人是谁。不能确定所有人，就不能确定内容的获利应该分配给谁。现在，所有权的确立，一般是用一种区块链技术，叫 NFT，即非同质化通证。解决资产的确权问题和利润的分配问题，这就是 Web 3.0 的内涵。

从内容生产机制来看，Web 3.0 和 Web 2.0 的区别还在于 Web 3.0 不仅仅由用户产生内容，权威机构、用户和人工智能都会产生大量的内容，分别称为 PGC、UGC 和 AIGC。

综上所述，Web 3.0 与元宇宙不是非此即彼的关系，也不是对立关系。元宇宙肯定属于 Web 3.0 的形式。在元宇宙中，要实现经济体系，必然用区块链技术，实现数字产品、数字货币、数字交易和数字市场，当然也包括用 NFT 技术等实现数字产品的确权。

## 1.8　元宇宙与时空逆转

可能很多读者听说过一个观点，那就是元宇宙将实现时空逆转。这个观点很玄，让人觉得元宇宙太神奇了。元宇宙如何实现时空逆转，其实并没有我们想象的那么复杂。首先需要说明的是：元宇宙并不能实现现实世界的时空逆转。举个例子，元宇宙既不能改变今年是公元 2022 年的现实，也不能改变湖北在湖南北边的客观事实。

元宇宙究竟怎么实现时间的逆转？试想这样一个场景：今天是 4 月 28 日。当你一觉醒来，你的妻子过来跟你说："老公，过年好！"你可能想："她是不是脑子有问题了？今天明明是 4 月 28 日，怎么会跟我说过年好呢？"但一会儿你的孩子见你醒来，也跟你说："爸爸新年快乐！"你可能就会想："咋回事儿？"你走出家门，发现大街上都挂满了红灯笼，所有的人都在贴春联，都在放鞭炮，大家在准备饺子，准备团圆饭，孩子在要压岁钱。你就知道原来今天就是春节。中国古代就有三人成虎的成语，与这个场景非常类似。所谓时间的穿越，就是你见到的每个人都跟你说过年好。

当你戴上头显，进入元宇宙，看到的是宋朝的景象：大家都穿着宋朝的服饰，吃着宋朝的美食，说着宋朝时候的话，听着柳永的词和苏东坡的豪言壮语，唱着《满江红》……如果沉浸式体验做得足够好，你就会认为你到了宋朝，这就是时间的逆转。

谷歌的 Brim 和 Page 已经给我们做了总结，我们在互联网上访问网页的时候有两种方式：一种方式叫直接浏览，一种方式叫链接浏览。

直接浏览就是在浏览器中地址栏输入类似 www. baidu. com 的域名，然后浏览百度的网站。链接浏览就是点击某一个网页的链接，进入新的网页，然后进行浏览。在元宇宙中，空间可能不是以网页的形式来呈现，而是以一种沉浸式的空间显示方式，就像我们在现实世界看到的空间一样。理解了网页的两种浏览形式，对元宇宙中空间的穿越就很好理解了。那就相当于我们在传统互联网的时候，从一个网页跳转到另外一个网页那么自然。理解了互联网的网页跳转，相信读者就非常好理解元宇宙的空间穿越了。

所以元宇宙的时空逆转并没有那么难，也就是在现有互联网的基础上，将沉浸式体验做得更好，使人相信这种时间的穿越和空间的穿越。

## 1.9 到底什么是元宇宙？

我曾到中国信息通信研究院（简称信通院）工业互联网和物联网所交流。信通院收集了50多个不同单位和专家对元宇宙的定义。最后发现：每个人对元宇宙的定义都不相同，而且差别很大。另外，每个人对元宇宙的定义都与自身的利益相关。举一个例子，做虚拟人的公司，对元宇宙的定义就是人类未来以化身的形式进入另外一个虚拟世界；做文旅的公司就会认为元宇宙就是你可以在虚拟世界逛各种场景，仿佛亲身到某个景区一样。

### 1.9.1 《雪崩》对元宇宙的定义

最早给元宇宙下定义的肯定是前文提到的《雪崩》这部科幻小说。在小说中，斯蒂芬森创造了一个并非以往想象中的互联网——元宇宙（Metaverse），而是和社会紧密联系的三维数字空间，与现实世界平行，在现实世界中地理位置彼此隔绝的人们可以通过各自的"化身"进行交流娱乐。

平行于现实世界的虚拟世界，就成了元宇宙最早、传播最广、现在也还在广泛引用的元宇宙定义。

这个定义有较多不好理解的地方，容易给初学者带来误解。首先是什么叫作"平行"。一般来说，平行就不会相交。那么我们现在知道元宇宙跟现实世界肯定是相交的，因为我们要强调以虚补实，强调虚实融合。所以"平行"有一点不那么确切，容易产生误导。其次就是"虚拟世界"。在 20 世纪 90 年代我上大学的时候，很多人会去网络聊天室聊天。那时候大家把互联网也叫虚拟世界、虚拟网络。我们对虚拟世界的理解会随着对其认识的加深而变化。我们曾经认为是虚拟世界的互联网，现在变成了我们生活的一部分，我们再也不会认为互联网是虚拟的了。也许再过 10 年，我们也不会认为元宇宙是虚拟的，它也会变成我们生活的一部分。

## 1.9.2　马化腾对元宇宙的定义

2020 年底腾讯文化出品了年度特刊《三观》。马化腾为此特刊写了一篇前言，其中提出了"全真互联网"概念。多位腾讯内部人士也坦言无法给出"全真互联网"的明确定义。不过，从马化腾文章的前后文看，VR 等新技术、新的硬件和软件都是"全真互联网"的关键组成要素。

"现在，一个令人兴奋的机会正在到来，移动互联网十年发展，即将迎来下一波升级，我们称之为全真互联网。"马化腾写道，"从实时通信到音视频等一系列基础技术已经准备好，计算能力快速提升，推动信息接触、人机交互的模式发生更丰富的变化。这是一个从量变到质变的过程，它意味着线上线下的一体化，实体和电子方式的融合。虚拟世界和真实世界的大门已经打开，无论是从虚到实，还是由实入虚，都在致力于帮助用户实现更真实的体验。从消费互联网到产业互联网，应用场景也已打开。通信、社交在视频化，视频会议、直播崛起，游戏也在云化。随着 VR 等新技术、新的硬件和软件在各种不同场景的推动，我相信又一场大洗牌即将开始。就像移动互联网转型一样，上不了船的人将逐渐落伍。"

所以，我们认为：元宇宙的科技内涵，最早应该是马化腾先生提出来的。可能有人会问：为什么大家不提全真互联网这个概念了，都提元宇宙呢？这个就是科技术语在传播的时候，怎么才能传播更好的问题。

一般的情况下，这种一个修饰词（如全真）加一个中心语（如互联网）的概念描述形式，想象空间不是特别大，传播效果一般不会差到极点，但是也不会太好。举一个例子，"额头上长有白癜风，眼角有鱼尾纹的马"就是一个非常典型的"修饰词＋中心语"的方式，其传播效果就不是特别理想。如果读者看过《三国演义》，你就可能记得刘备骑的那匹马叫"的卢"。第一次听说"的卢"这个词，都会问"何为的卢？""的卢"这个术语就给人无限遐想，你猜不出它到底是什么意思。最后小说给出解释，的卢就是"眼下有泪槽，额边生白点"的马，读者就豁然开朗，于是也记住了"的卢"这个名词。

元宇宙这个术语跟"的卢"一样，给人无限遐想，你很难猜出它是什么意思，于是很多人愿意传播。当然现在也有许多专家解释元宇宙，说元表示超越、开始、大，四方上下谓之宇，往古来今谓之宙。我并不推崇这么解释元宇宙，因为元宇宙就是一个英文单词 Metaverse 的翻译而已。在语法学里，元宇宙是一个独立语素，是不可分的，拆开解释没有任何意义。Metaverse 的作者并没有读过战国时期的《尸子》，所以他不可能知道什么叫"四方上下曰宇，往古来今曰宙"。事实上，《雪崩》最早的中文翻译版本中，Metaverse 译为"超元域"，最近才译为"元宇宙"。将元宇宙拆成 3 个字来解释，就像当年区块链火热的时候，有人解释什么叫区，什么叫块，什么叫链。这都是不科学的，容易给人误解的。

### 1.9.3 扎克伯格对元宇宙的定义

2021 年，Meta 的扎克伯格也提了元宇宙的定义。他认为：元宇宙是移动互联网的后继，是"具身的互联网"。在其中，用户不仅仅看到文字、图片、视频，而且拥有一种沉浸式的体验。

从扎克伯格对元宇宙的定义来看，他理解的元宇宙和马化腾理解的全真互联网，内涵是一致的，只是各自的术语不相同而已。

### 1.9.4 中央纪委国家监委网站对元宇宙的定义

2021 年 12 月 23 日，中央纪委国家监委网站发表了题为《元宇宙如何改写人类社会生活》的文章。文中也给了一个元宇宙的定义：元宇宙是基于互联网而生，与现实世界相互打通、平行存在的虚拟世界，是一个可以映射现实世界，又独立于现实世界的虚拟空间。

这个定义与《雪崩》中的定义差异不大，只是增加了现实世界和虚拟世界可以交流，可以打通。

### 1.9.5 《元宇宙术语和传播规范》对元宇宙的定义

2021 年 12 月 29 日，中关村数字媒体产业联盟发起起草了中国元宇宙的第一个团体标准——《元宇宙术语和传播规范》。在该标准中，元宇宙的定义为：

> 元宇宙是指经由人体感知和人机交互设备，使用户通过专属数字身份互联，在其中实现社交、工作、娱乐、生产、消费等活动，并实现与现实社会交互，映射和影响的数字虚拟空间，和虚实融合社区，具备永续时空、虚实共生、沉浸、交互、开放生态等特点。

这是一个相对学术化的定义，普通大众并不一定理解。

### 1.9.6 复旦大学对元宇宙的定义

复旦大学在 2022 年 1 月发布的《2021—2022 元宇宙报告》中指出：元宇宙并不是特指某种单一的技术或应用，而是指一种基于增强现实、虚拟现实、混合现实（MR）技术的 3D 空间、生态和环境。

### 1.9.7 本书对元宇宙的定义

本书对元宇宙的定义如下：元宇宙就是下一代的互联网，是具有沉浸式体验的互联网，是我们目前可以想象到的互联网的终极形态。

从定义上看，我们的定义与马化腾的全真互联网定义很相似，与扎克伯格的定义也很类似。本书对元宇宙的这个定义可以帮助读者快速、有效地理解元宇宙，但确实不是特别准确，也不是特别学术化。对元宇宙有了大致理解后，我们还可以做一些技术上的补充。

第一，元宇宙使用虚拟现实技术带来沉浸式体验。前面我们已经用镜像神经元解释了虚拟现实技术为什么可以给人类带来沉浸式体验，镜像神经元是人类虚拟现实的生理基础。如果人类没有镜像神经元体系，虚拟现实技术就成为空中楼阁。

第二，虚拟人为人类进入元宇宙提供入口。人类进入元宇宙，是以虚拟人的形式。这就相当于给每个人一个元宇宙的身份。以前在互联网上有各种身份的标识技术。在网络聊天室中，用户身份就是网络昵称。如果是邮箱的话，就是邮箱的前缀。在其他网站的话，就是用户名加密码。在元宇宙，人们以虚拟人的形式进入元宇宙，所以这就是一个前端的身份。

第三，数字孪生技术实现把现实世界映射到虚拟世界，或者映射到互联网。数字孪生技术是元宇宙非常重要的技术。没有数字孪生，元宇宙就是一个蛮荒宇宙。数字孪生技术就像在原始的地球上建设道路、桥梁、房屋的技术。

第四，区块链技术是元宇宙另一个非常重要的技术。一方面区块链技术解决虚拟人的后端身份。后端身份就像在传统互联网上通过MD5 或 SHA 保存用户的密码，这就是传统互联网的后端身份。在元宇宙中这种后端身份是用区块链技术来解决的。传统互联网的账号和密码保存的时候，有两种方式，一种是明文存储，一种是加密存储。明文存储密码是非常危险的，现在基本不采用了。到了元宇宙里，也需要保持用户的后端身份。用户的虚拟人只是一个可以看到的表象，是前端身份。后端区分各用户，还需要区块链技术。一般情况下可以用钱包地址的形式标识用户的身份。

区块链技术也用来解决资产的确权，我们叫作数字资产的确权。元宇宙里面肯定要有数字货币，数字货币一般也用区块链技术实现。在元宇宙里，为了构建完整的经济体系，还需要实现商品与商品之间的交换，这种交换只能用数字货币来完成，人们将其称为数字交易。在现实生活中，我们要买白菜，一般会去菜市场。那么在元宇宙里，如果用户要买数字产品，也要去元宇宙的市场，这个一般称为数字市场，这些都由区块链技术来提供支持。

第五，元宇宙使用人工智能的技术来辅助高效地生成内容。在元宇宙中，每个人都可能有若干个化身，每个化身都会随时跟其他人进行交流，这就会产生大量的内容。同时，我们也要把现实世界的很多场景映射到元宇宙，还要在元宇宙中直接生成大量原生的场景。这些场景会远远比现实世界丰富。场景的生成、交互内容的生成，都需要大量的人工智能技术。

如果读者理解了互联网，那么就可以理解元宇宙。元宇宙就是在现在的互联网的基础上把体验做得更好，带来更好的沉浸式体验。

为了有沉浸式的体验，元宇宙需要虚拟现实、增强现实、混合现实等技术；为了让人们能够体验到这种沉浸感，需要虚拟人技术，把人类自己也映射到元宇宙中。就像互联网可以传输图片就会催生出电子商务一样，有了沉浸式体验的互联网，资产的确权就更为迫切，数字资产就会出现，数字货币就会出现来辅助完成数字交易，数字交易的集散地——数字市场就会形成，于是元宇宙经济体系就产生了。

就像互联网上有了电子商务，我们就需要去处理假货，处理售后问题；有了微信聊天，我们就需要去处理互联网上人与人之间的关系，处理互联网上的舆情事件，这就是互联网的社会治理。同理，在元宇宙里，社会治理可能会更加复杂，其难度会远远超出对现有的微信、微博、淘宝、百度、抖音、快手等的治理，需要做更多的提前布局和研究。

## 1.10 元宇宙凭啥这么火？

还有一个问题，读者想必很疑惑：元宇宙为什么会忽然火得一塌糊涂？

### 1.10.1 技术对齐造成的产业内卷

一般来说，某一项新技术刚刚出现的时候，都是只有少数人掌握。这些掌握新技术的个人或者公司，一般都能够获得大量的利润。等过了一段时间，大家都掌握这个技术了，那么大家的利润就都非常单薄了。

中国在相当长一段时间内都垄断了全世界的铁器、食盐、茶叶和瓷器的生产，几乎周边所有番邦都依赖于中国提供铁器、食盐、茶叶和瓷器。宋朝和明朝时候，连遥远的欧洲都依赖于中国的瓷器和茶叶。

因此中国长时间赚取了大量的利润。现在这些技术各地都很成熟了，中国就没法从这些产业中获得高昂的利润了。

计算机行业也是如此。刚开始的时候，不管是人工智能、区块链、云计算，还是大数据、物联网，都只有个别企业掌握核心技术。这些企业都有较高的利润。这么多年过去，中国几乎所有的人工智能公司，都能实现高准确率的人脸识别、语音识别。阿里、腾讯、百度、金山的云计算业务，技术水平十分接近，于是带来了激烈的竞争。

举个例子，谷歌最早发明能够在围棋领域战胜李世石的 AlphaGo，在 2016 年这是非常尖端的科技。但是现在，下围棋这个事情对于人工智能大厂来讲已经不是什么难题。人脸识别也是如此，大家都已经掌握用深度学习来解决人脸识别的技术。现在基本任何一家人工智能公司，都能够把人脸识别问题解决好，各公司的人脸识别解决方案效果也没有太大的差异。我把这个现象称为技术对齐。也就是说，刚刚开始的时候，是有一些公司技术领先，其他公司的技术相对落后。过了一段时间之后，大家的技术水平都差不多了，技术都对齐了。

技术对齐之后，企业面临的一个重要问题就是价格战。A 公司一套人脸识别系统原来卖 50 万元，现在 B 公司卖 49 万元，然后 C 公司卖 45 万元。早期的人脸识别解决方案可以卖上千万元，现在的人脸识别系统，很多就是 2000 元一套。大家的利润空间都非常小，都在等待新行业、新赛道的出现。现在不管是互联网行业，还是其他行业，都面临价格战的问题，这就是技术对齐带来的行业内卷。这种行业内卷将在一段时间内长期存在，直到有新的赛道出现。

## 1.10.2　疫情培养的线上习惯

由于疫情的存在，很多线下的活动不能举行。例如，以前我们想要办一个培训，可以在线下面对面进行。出现疫情之后，我们发现在线上开个会议效果也还行，慢慢就培养线上处理工作的习惯。在疫情期间，有很多人没有其他事情做，可能会在家里玩游戏，那么游戏就把元宇宙的概念深入了许多人心中。

在疫情期间，Roblox 的用户数和用户在线时长都大大增加，这其实就是疫情培养出来的用户习惯。作为元宇宙第一股的 Roblox，其股市的良好表现与疫情不无关系。

### 1.10.3　集成创新是最大的创新

我们刚才说了技术对齐，现在说技术奇点。技术对齐就是大家技术水平都差不多。技术奇点是说众多的技术都到了一个创新的临界点，即将引发新的巨大创新。

现在，不仅仅是人工智能技术达到了一定的水平，各项技术都达到了一定的水平，如区块链、大数据、物联网、空间计算、游戏引擎、虚拟现实……所有技术都很不错了。在这种情况下，大家都没有高额利润的时候，就要去找新的技术奇点和新的利润点。既然这么多技术都达到了一定的高度，能否把这些技术集成起来，结合起来，创造出一个新的应用场景，创造高额利润呢？

2007 年，苹果的第一代手机出现，一下子惊艳了所有人，让大家都觉得这就是我需要的手机。直到现在，苹果公司依然赚取了世界智能手机 80% 以上的利润。

乔布斯创造性地想出了智能手机。智能手机的发明是不是凭空产生的呢？也不是。2007 年的时候，芯片技术已经达到一定水平，芯片能够做得比较小了，散热做得也很不错了。3G 网络开始普及，网络速度也较快了。苹果的 iOS 操作系统也相对成熟了。最重要的就是那个时候的触摸屏技术已经可以实现多点触控，而且触控灵敏度大大提升……那么所有这些技术都准备好了，都达到了一个奇点，谁能够找到一个场景或产品，能够有广泛的市场容量，同时又能够将这些技术都加以应用，谁就是赢家。

在 2007 年的时候，这个人就是乔布斯。他把这些技术都融到一起，发明的产品就是智能手机。2021 年，又到了这么一个分水岭：虚拟现实、区块链、人工智能、物联网、大数据、3D 引擎等技术都发展到现在的这个程度，那么也需要有一个新的产品，或一个新的业态，能够把所有的技术都加以应用，同时有巨大的价值。这个产品或业态是什么呢？其实就是元宇宙。这也是元宇宙会这么火的原因。

# 第 $2$ 章
# 元宇宙只是现有技术的集成？

　　集成创新不是集合创新，集成创新要求的是事物的有机组合，而不是简单的拼凑。从历史的角度来看，任何技术的创新都是在前人已有技术的基础上做集成创新，集成创新的关键是如何把已有的若干项简单事物有机结合起来，产生新的价值，并具有新的使用场景。

## 2.1　BAND 技术体系

2021 年 5 月 30 日, 国盛证券分析师宋嘉吉发布行业深度研究报告《元宇宙: 互联网的下一站》, 提出构建元宇宙的四大支柱 BAND。

宋嘉吉将构筑元宇宙的技术赛道归纳为 "BAND", 即区块链 (Blockchain)、电子游戏 (Game)、网络算力 (Network) 和展示方式 (Display), 分别以价值交互、内容承载、数据网络传输及沉浸式展示融合构建元宇宙。

- 区块链: 提供了去中心化的清结算平台和价值传递机制, 能够保障元宇宙的价值归属与流转, 从而保障经济系统的稳定、高效, 保障规则的透明和确定性执行。去中心化的虚拟资产能够跨平台、脱离内容本身进行流通, 变得更加 "真实"。

- 电子游戏: 为元宇宙提供交互内容, 是元宇宙内容发展与用户流量的关键赛道。用户创作成为元宇宙游戏发展的趋势, 用户创作能够为元宇宙提供丰富的内容, 玩家并非像传统游戏一样成为游戏主策、主程手中的提线木偶。游戏也改变着人们对虚拟资产的观念。

- 网络算力: 网络与算力技术的升级保障了信息的传输与计算能力, 5G、AIoT、算力为次时代应用创新打下了坚实基础。云游戏近年来也实现了高速发展, 云计算是近年来发展最快的科技领域之一, 伴随通信速率和云算力的持续升级, 云端游戏已经成为现实。

- 展示方式: 提供交互方式, 超高清及 AR/VR 设备也实现了持续迭代升级, 用户已经可以获得较好的沉浸式体验。

## 2.2　BIGANT 技术体系

赵国栋、邢杰、易欢欢、徐远重等人创造性地提到了元宇宙的六大技术，简称是 BIGANT（大蚂蚁）。大蚂蚁技术体系影响非常大，同时这几项核心技术在后面章节也需要提及，因此本节先重点讲一讲这个技术体系。

### 2.2.1　区块链技术

元宇宙的第一个核心技术是区块链技术。在元宇宙中，不会采用类似抖音、快手、腾讯、阿里等这样的中心化技术，而是采用区块链的技术。区块链技术在元宇宙中主要实现如下功能。

（1）数字身份

每个人都有一个或若干个化身，人们以化身的形式进入元宇宙。化身的数字身份需要使用区块链。

（2）数字资产

在现实世界，大家吃的饭、喝的饮料、盖的被子，都是一些现实的产品，一般称为实物产品。未来，在元宇宙里面很多产品都是数字产品。例如：化身的眼镜、服装或道具，这些可能会变成未来元宇宙里面的主要商品。

这些商品要在元宇宙里面进行售卖，首先要变成资产。如果不能变成资产的话，其数量可以是无限的，数量无限的产品交易没有意义，也就不能够实现交易。在元宇宙，数字产品的资产化一定要用到区块链技术，一般称为非同质化通证技术，即 NFT 技术。有了 NFT 技术，就可以标识某一个数字产品到底是由谁生产的，其所有权是谁。所有权人就可以对它进行售卖，并获得相应收益。

（3）数字货币

想要在元宇宙里实现交易，那么就一定要有货币。人们得拿着"钱"去买他们的数字产品。这个"钱"要充当虚拟世界的交易中介，在虚拟世界里一定要存在。这个交易中介，一定是数字货币，而数字货币也必须使用区块链技术。

为什么不能用现在的法币、现在的银行呢? 银行是工业化时代的产物,银行能够存在的原因就在于只有少数的交易需要通过银行,大部分还是线下点对点的交易方式。点对点的交易方式,典型的就是古代农业社会的一手交钱一手交货,所以这样就不需要中心化的银行服务。现在不管电子支付,还是现金支付,或者说银行转账,都是通过银行这个节点。在未来的元宇宙世界里,由于交易太频繁了,如果通过一个中心化的银行节点来进行交易的话,没有哪个银行的计算系统能够支撑起这么庞大的交易量。所以未来的数字交易,更有可能是采用分布式的数字货币,不大可能是中心化的银行。

(4) 数字交易

前文已经提到,未来元宇宙中数字产品的交易,如果通过中心化的银行体系的话,可能会给银行体系带来巨大的负载,同时也不符合未来 Web 3.0 的范式。在元宇宙,我们可能每时每刻每秒都在进行大量的交易,所以未来更有可能通过分布式方式来完成交易,这也需要使用区块链技术。

(5) 数字市场

在现实世界,我们购买蔬菜可能会去菜市场,购买衣服可能会去商场,购买清洁用品可能会去超市。在未来的元宇宙世界,也许同样会有各种各样的市场去专门售卖某一类型的数字产品,这就形成了数字市场。数字市场也需要使用区块链技术。

## 2.2.2 交互技术

元宇宙的第二个核心技术为交互技术,也就是解决现实世界的人或者现实的世界跟元宇宙这个平行世界进行交互的技术。这就需要交互,我们称为元宇宙的入口,一般就是我们所说的虚拟现实设备或增强现实设备,也包括脑机接口等。

虚拟现实设备做得比较好的有 Facebook 的 Quest,以及今日头条收购的 Pico。典型的增强现实设备如谷歌的 Google Glass，曾经停产。现在脑机接口技术也相对成熟。脑机接口通过获取并分析大脑的脑电波而了解用户的意图。

### 2.2.3　游戏引擎和空间计算

元宇宙的第三个核心技术就是游戏引擎和空间计算。元宇宙一般都是 3D 的效果，需要驱动元宇宙的场景或虚拟人等，这就需要使用一个驱动引擎，即游戏引擎。游戏引擎是指一些已编写好的可编辑电脑游戏系统或者一些交互式实时图像应用程序的核心组件。这些系统为游戏设计者提供各种编写游戏所需的工具，其目的在于让游戏设计者能容易和快速地做出游戏程序而不用由零开始。大部分游戏引擎都支持多种操作平台，如 Linux、Mac OS X、微软 Windows 等。游戏引擎包含渲染引擎、物理引擎、碰撞检测系统、音效、脚本引擎、电脑动画、人工智能、网络引擎以及场景管理等。

空间计算探讨了如何利用空间原则优化地理空间信息分布式计算的原理和方法。单个计算机和通用的高性能计算设备都无法胜任日益复杂的物理科学分析和模拟，而分布式计算可能是解决问题的一个有效途径，如果能够再利用空间的原则，更可以优化分布式计算的效能。空间计算是地理空间基础设施的计算层面，指的是利用空间原则优化分布式计算性能的计算模式。

### 2.2.4　人工智能

元宇宙的第四个核心技术是人工智能。人工智能技术在元宇宙中非常重要。大家可能还记得动画影片《哪吒之魔童降世》中提到的《山河社稷图》。哪吒及其师父太乙真人进入了《山河社稷图》。《山河社稷图》其实是一个池塘荷叶里边的一张图，进去之后就到了另外一个世界。在这个世界里通过指点江山笔来设计《山河社稷图》，指点江山笔每画一笔，就可以出来一个新的效果。

用指点江山笔一画，《山河社稷图》可能就出现了一条河流，再一画可能就出现了一艘船，出现了一棵树，出现了一座桥，这是非常美妙的想象。在未来元宇宙世界肯定要实现这个效果，而要实现这个效果就需要强大的人工智能技术。元宇宙是一个虚拟世界，这个世界需要设计和编辑，就需要一个强大的编辑器，用于编辑元宇宙里面的各种场景和各种产品，这都是人工智能技术的功劳。

元宇宙中强大的编辑器非常重要。这就像以前大家都用 Photoshop 处理图片，但是 Photoshop 太专业了，不是每个人都会用。而美图秀秀照片处理飞入寻常百姓家。未来元宇宙也需要像美图秀秀这样简单易用的工具，这就要大量人工智能技术。

### 2.2.5　网络技术

元宇宙的第五个核心技术是网络技术。目前的元宇宙基于 5G 网络，保证了高速率、高并发、低延迟。

现在 5G 网络的理论传输速度为 1.25Gb/s，应该远远不能满足未来元宇宙的需求——实现完全的沉浸式体验，让人们难以区分虚拟世界和现实世界。这对未来的互联网提出了更高的要求，网络速度要达到 150Gb/s 以上。要保证未来的网络更加低延迟、高带宽、高速率、高稳定，同时也要加强压缩算法。未来 150Gb/s 的速度直接传输还是有困难的，那么压缩、解压缩技术也需要进行大量的研究工作。

### 2.2.6　物联网技术

元宇宙的第六个核心技术就是物联网技术。要把人们生活的现实世界映射到虚拟世界，除要有数字孪生技术外，还要实时捕获现实世界的数据。举个例子，要在元宇宙构建数字长江，就必须实时感知现实世界的长江，用众多的传感器监测长江水位的实时变化，这样才能在元宇宙构建一个跟我们现实世界一模一样的数字长江。

## 2.3 We aimed to begin 技术体系

清华大学沈阳在《元宇宙发展研究报告 2.0 版》中,也总结了元宇宙的技术体系。沈阳进一步丰富赵国栋、邢杰等的 BIGANT 技术体系,认为元宇宙是由 Web 3.0、人工智能、3D 建模、游戏引擎、大数据、数字孪生、操作系统、区块链、扩展现实、5G、融合式交互、物联网等 12 项关键技术组成。这 12 项关键技术,摘取首字母或特定字母,连起来就是"We aimed to begin"。因此,沈阳的技术体系一般又称为 We aimed to begin 技术体系(图 2 – 1)。

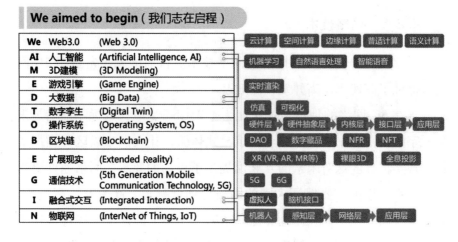

图 2 – 1  We aimed to begin 技术体系

## 2.4 BASIC（百思）技术体系

颜阳博采众长,仔细分析了元宇宙的各项技术,在其《元宇宙科技产业》一书中提出 BASIC 技术体系。BASIC 技术体系主要由五部分构成:1B、2A、3S、4I、5C(图 2 – 2)。

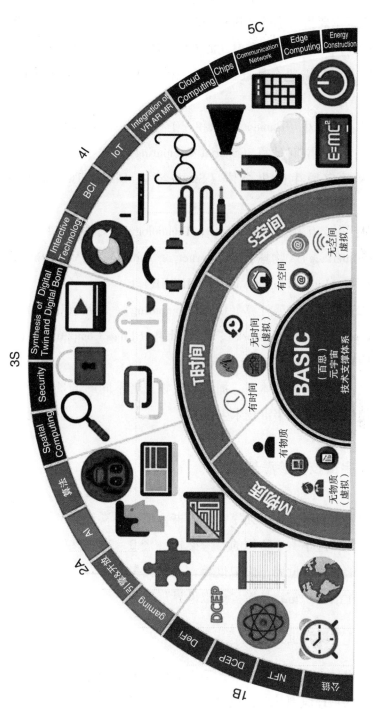

图 2－2　BASIC 技术体系

●1B：主要指区块链（Blockchain），包括公链、NFT、DCEP（中国数字货币）以及分布式金融。海外的 NFT 大多建立在以太网上，因此在落地实施时需要对其进行改造，采用符合我国监管要求的公链技术。

●2A：指游戏（Game）技术和人工智能（Artificial Intelligence）。

●3S：代表空间计算（Spatial Computing）、安全（Security）、数字孪生和数字原生的集合体（Synthesis of Digital Twin and Digital Born）。

●4I：指交互技术（Interactive Technology）、脑机接口（Brain - Computer Interface）、物联网（Internet of Things）及 VR/AR/MR/XR 等相关技术（Integration of VR/AR/MR/XR）。

●5C：分别代表云计算（Cloud Computing）、芯片（Chips）、通信网络（Communication Network）、边缘计算（Edge Computing）以及能源的重构建设（Energy Construction）。

依托元宇宙的技术体系，加之时空物三者不同的场景组合，形成了一个较为完整的元宇宙技术生态。

## 2.5 元宇宙技术参考架构

在笔者主编的《中国元宇宙白皮书》中，孙喜庆给出了元宇宙技术参考架构，这是一个整体的参考架构（图 2 - 3）。该架构可分为接入访问终端、现实世界、虚拟世界、基础支撑平台四大部分。真正意义上的孪生的元宇宙，是指"虚拟世界"部分。

### 2.5.1 现实世界

现实世界，又叫物理世界，是人们生活的客观存在的世界，是元宇宙生成的物理原型基础，也是其作用的对象。元宇宙的很多场景都

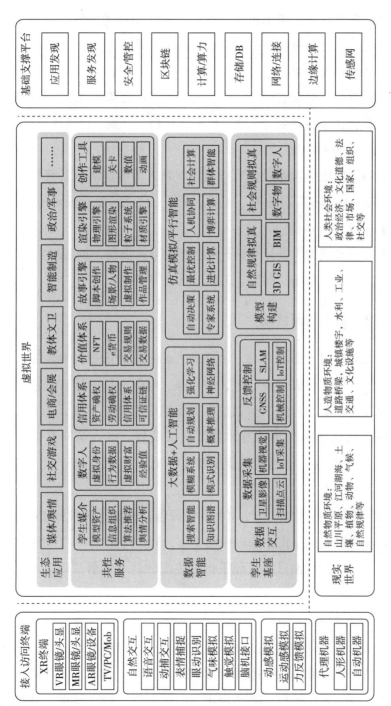

图 2 – 3　元宇宙技术参考架构

是由现实世界通过数字孪生技术生成的。真实的现实世界，可分为自然物质环境、人造物质环境、人类社会环境三部分。

（1）自然物质环境

自然物质环境指人们所生活的，肉眼可见可感知的自然物理世界，包括山川平原、江河湖海、土壤、植被、动物、气候、自然规律等。

（2）人造物质环境

人造物质环境指人类以自然物质为材料人为改造形成的环境，包括道路桥梁，城镇楼宇，水利、工业、交通、安防、文化设施等。

（3）人类社会环境

人类社会环境指人类社会运行所遵循的基本规则，包括政治经济、文化道德、法律、市场、国家、组织、社交等。

## 2.5.2 接入访问终端

用户需通过接入访问终端，才能进入元宇宙的虚拟世界。接入访问终端，需要为用户提供视、听、触、味、嗅全方位的感官沉浸式体验，同时要提供更加自然的运动感、力反馈的自然交互方式，必要时还需提供代理机器作为物理身体的替代或延伸。接入访问终端包括XR终端、自然交互、动感模拟及代理机器等。

（1）XR终端

XR终端主要指VR、AR、MR终端设备，也涵盖传统的PC、TV等终端产品。随着元宇宙生态应用的丰富，VR、AR、MR终端渗透率会日渐增高，成为替换目前智能手机的主流的新一代消费级个人计算平台。

（2）自然交互

自然交互是指摆脱键盘鼠标，通过语音、动作等更加自然的方式获得视、听、触、味、嗅等感官信息的交互方式。具体可分为语音交互、动捕交互、表情捕捉、眼动识别、气味模拟、触觉模拟、脑机接口等。

（3）动感模拟

动感模拟，是 VR 模拟仿真应用创新的重要支撑技术，为 VR 用户在虚拟环境中的快速运动提供位移感知，乃至全方位移动感知的模拟体验。运动感模拟，可通过电缸驱动搭建 2Dof、3Dof、6Dof 动感平台来模拟运动位移感觉。操作力反馈，可通过力传感器来测量或模拟三维力矩带给人的肌肉感知。

（4）代理机器

代理机器，可以是人形机器人、仿生机器人或工业机器人。代理机器的主要用途是作为人的物理替身去完成特定任务。人形机器人形象拟人亲切，用户接受度高，可用于陪伴、教育、娱乐等场景；仿生机器人，主要是模仿各类生物，替代人去完成人无法完成的任务，如模拟飞鸟、四足动物、昆虫、鱼类等的机器；工业机器人主要用于生产线，替代工人更加高效、准确地流水作业。如需基于数字孪生进行管理控制，代理机器的行为数据可以同步到元宇宙中的数字人，并驱动数字人的行为。

## 2.5.3　基础支撑平台

元宇宙是 3D 时空互联网，是当下的 2D 互联网的升级，是新一代信息通信技术的综合性应用，但要求将更加苛刻。传感网、边缘计算、5G 泛在网、云存储、云计算、区块链、信息安全，以及服务发现、应用发现等都是元宇宙技术体系所必需的基础支撑技术。随着信息通信技术的创新和进步，元宇宙的基础支撑平台技术也将同步演进。

元宇宙支撑平台，必然将成为数字经济发展的重要载体。作为定位面向全国，乃至全球的公有云平台，从建设之初就应考虑公有云的架构及布局。元宇宙支撑平台的规划建设必须摆脱小而全、定制化项目的旧模式，走标准化、规模化的云平台之路。

元宇宙应用，涉及大量图形渲染、AI 计算、内容分发等需求，且对端到端访问带宽、时延的要求较目前的网络直播、短视频等应用会更高，采用"云 + 网 + 边 + 端"协同的平台架构，才可有效保障用户体验。元宇宙应用可充分发挥 5G 泛在网的优势，必将成为 5G 及后续 6G 的关键应用。

### 2.5.4　孪生基座

元宇宙孪生基座层，主要实现现实物理世界 1:1 模型复刻的孪生虚拟场景，构建起虚实平行的孪生地球新时空。

（1）数据交互

一是数据采集。通过卫星影像、机器视觉、扫描点云、IoT 采集等方式获得丰富的数据源。采集的地形物貌、建筑等数据经处理形成 3D 基础图层；标示信息、可移动物、人员活动、社会活动等数据分主题经处理形成要素图层。

机器视觉，是采用 AI 技术对图形图像基于模式识别进行自动化分析、处理的智能技术。IHS 的研究显示，2021 年全世界约有超 10 亿个监控摄像头，其中超过 50% 的镜头部署在中国，中国平均 2.7 人有一台摄影机。公共场所的监控视频数据，可基于 AI 算法进行实时 3D 视频建模，这将有效补充孪生媒介中社会活动实时数据的不足。

二是反馈控制。数据交互，包括 3D 场景数据、IoT 感知数据及社会活动数据的采集与反向控制。基于 IoT 感知网建立起物理世界与数字世界的孪生关系。

即时定位与地图构建（SLAM），指用户机器对当前空间进行实时的高精度识别和 3D 建模，是机器视觉的一种应用。机器视觉技术，可对图形图像做深入的 AI 理解并形成语义，支持更高的智能化应用需求。

空间计算，这里指对地理空间（室外）、室内空间大规模信息进行计算、分析、应用的技术。

全球导航卫星系统（GNSS）之前最广为人知的是美国的 GPS，2020 年 7 月中国北斗系统（BDS）正式开通全球卫星导航服务。北斗系统可在全球范围内全天候、全天时为各类用户提供高精度、高可靠定位、导航、授时服务，并且具备短报文通信能力，已经初步具备区域导航、定位和授时能力，定位精度为分米、厘米级别，测速精度为 0.2m/s，授时精度为 10ns。

室内定位技术：过去利用 Wi-Fi、蓝牙、RFID、红外、UWB、超声波、可见光等技术进行室内定位，由于需专门布网，成本较高。5G 的 R16 标准定义了端到端定位系统框架，使得 5G 网络具备室内空间的带内定位能力，也可与其他定位技术融合实现更高精度的定位。

平行执行的反馈控制，还有机械控制、IoT 控制等方式，实现对物理世界中对象的执行操作。

（2）模型构建

模型构建，包括基于 3D GIS 引擎的场景模型构建、整合及渲染，包括自然规律拟真模型的构建及维护，也包括主流价值观底层逻辑的模型构建及维护。

3D 场景模型构建，是实现孪生媒介的呈现"介质"和交互界面，类似于图文媒介的纸张、视听媒介的屏幕、网络媒介的 Web 页面。

孪生媒介的基础是大规模的室外室内 3D 场景模型。3D 场景数据可来源于卫星影像、矢量地图、倾斜摄影、全景拍摄、激光扫描等。这些海量数据可通过 3D GIS 引擎进行整合、处理，并面向 XR、TV、PC 等各类终端提供高效流畅的访问体验。之前的 3D GIS 行业应用注重实用功能，对视觉效果并不重视。孪生地球元宇宙由于其沉浸式体验的特点，对 3D GIS 的视觉效果提出了更高的要求，需要更好的图形渲染技术。为降低孪生地球的场景数据计算量，需针对不同应用场景所需的模型精度制订分级规范，应用可根据需求加载相应精度的模型。

要对上百平方千米的城市，乃至全国、全球的地形地貌进行高精度场景建模，过去是个耗资巨大，几乎不具备可行性的事。近年来随着 AI 技术的发展和算力的提升，只需具备一定规模的计算集群，通过汇集多源数据，基于 AI 算法即可自动高效建模，并可实现以天为单位的数据更新维护。这使得建设和长期运营孪生地球的实用可行性大大提高。

3D GIS 主要解决宏观场景的模型构建及管理。建筑信息模型（BIM）则可有效解决具体到每栋建筑内部结构的微观场景的模型构建及管理。

对数字人、单体化数字物体的建模，可采用激光扫描、照片 AI 建模、人工建模等方式生成。数字人模型，可采用动作捕捉及表情捕捉技术，有真人动作加以驱动，也可定义动作脚本自动驱动。

底层逻辑模型构建，是基于算法的规则实现的。自然规律拟真，是在数字世界对自然规律拟真基础上的可控性改造。社会规则拟真，是人类社会记忆在孪生媒介"大脑"里的"进化性遗传和潜意识"。

### 2.5.5 数据智能

元宇宙的数据智能层，主要实现对采集数据的信息化治理并形成语义化知识，进而实现基于孪生地球模型的各类仿真任务执行。

（1）大数据 + 人工智能

AI 技术核心是在大数据基础上的智能算法及数据处理应用。海量的数据、信息如不进行有效分析，并进一步形成语义理解基础上的知识网络，其价值无法得到有效利用。模式识别、神经网络、模糊系统、强化学习、知识图谱等一系列 AI 技术，将为海量信息处理、特定问题求解提供有效工具。

知识图谱（Knowledge Graph），是对数据、信息的进一步语义化分析处理的结果，并且是一个持续优化的动态过程。利用知识图谱技术，可对过往离散碎片化的结构化、非结构化数据进行语义化处理形成统一的知识体系,这将对更加人性化的信息获取、自然人机交互提供坚实基础。知识图谱,是应对信息量爆炸式增长的新一代语义网络、知识管理技术,是 AI 的重要基石及 AI 应用的重要驱动力。

模式识别,是用算法根据样本的特征进行分类的技术,在图像处理、机器视觉、自然语言处理(NLP)、动作交互、语音交互、舆情分析、行为分析等领域都可应用。

概率推理,是根据不确定的信息作出决定时进行推理的方法。可结合专家先验知识,由已知变量信息来推导未知变量信息。

神经网络,是模仿动物神经网络行为特征进行并行处理的算法模型,依靠网络复杂程度,通过调整内部大量节点之间相互连接关系,从而达到信息处理的目的。

模糊系统,从宏观出发,模仿人的综合推断来处理常规数学方法难以解决的模糊信息处理问题,使计算机应用得以扩大到人文、社会科学及复杂系统等领域,已广泛应用于自动控制、模式识别、人机对话、医疗诊断、地震预测、天气预报等方面。

自动规划,更注重于问题的求解步骤和过程,而不是求解结果。可用来监控问题求解过程,并能够在造成较大的危害之前发现差错。

强化学习,受行为主义心理学启发,通过学习反馈激励—更新模型参数的策略,达成信息处理模型优化和最大化的目的。在推荐系统、人机交互系统、人机博弈游戏等领域得到广泛应用。

(2)仿真模拟/平行智能

仿真模拟,是对因果关系的推理活动,基于有效数据集和模拟算法,在 3D 场景的仿真验证机制,类似人脑对某个问题的综合分析的形象化思考。由于数据、算法都不可能一步到位,因此这是个反复推演的机制。这类仿真模拟是基于孪生地球"元宇宙"提供功能型、智能型服务的基本机制和方式。

专家系统,基于某领域专家知识与经验,进行推理和判断,模拟人类专家的决策过程来处理该领域问题。建立多领域专家系统、多知识库，有利于解决复杂巨系统问题。

自动决策，又称知识自动化，将静态知识与活动流程相结合，形成更为复杂的知识，该知识一经调用即可自动执行决策任务。许多PaaS流程服务可看作知识自动化的应用。

进化计算，受生物进化自然选择和遗传信息传递规律的启发，基于全局性概率搜索算法，把要解决的问题看作环境，可能的多个解组成种群，通过自然演化和迭代寻求最优解。

最优控制，在给定约束条件下，寻求一个控制函数，使给定的系统性能指标通过自适应控制达到极大值（或极小值）。

群体智能，从蚂蚁、蜜蜂等社会性昆虫的群体行为得到启发，以去中心的分布式控制，在若干优化原则下实现群体的自组织性，不会因一个或有限几个个体出现故障而影响群体求解行为。

博弈计算，是指使博弈各方实现各自认为的最大效用，即实现各方对博弈结果的满意，使参与各方都不想改变自己的策略，从而达到相对均衡的状态。

人机协同，是指从定性到定量综合集成法，把专家体系、数据和信息体系有机结合起来，构成一个高度智能化的人机结合、人网结合的决策体系。

社会计算，广义而言是指面向社会科学的计算理论和方法，狭义而言是指面向社会活动、社会过程、社会结构、社会组织及其作用和效应的计算理论和方法。社会活动及社交媒体传播具有混沌特性。用整体论而不是还原论来研究社会计算问题，以有效解决方案而不是确定性求解作为社会计算的追求目标。基于人工世界的"元宇宙"，使实验、观察、演绎、证伪等成为可能，可使社会计算和复杂系统理论"科学"化。

### 2.5.6　共性服务

元宇宙的共性服务层，可实现基于孪生地球元宇宙云平台的可充分共享、可重复使用的功能、组件、模型、资产、算法、工具、流程的规范化服务提供，支持各类孪生应用的敏捷开发和运行。

为了向上层应用提供便捷的服务/微服务管理支撑，需遵循全流程DevOps。服务提供方，可以是平台运营方，也可以是经认证的合作伙伴。符合规范的服务经审核后可在孪生媒介云平台正式发布，如该服务得到诸多应用的使用，则服务提供方可获得相应收益。

（1）孪生媒介

孪生媒介，以孪生地球的虚拟环境及孪生体作为媒介的载体，为广大用户提供大众传播服务。可提供的共性服务有模型资产管理、信息组织发布、内容算法推荐、舆情商情分析等。孪生媒介服务不仅向媒体机构的媒体应用开放，也可向个人、公司、政府开放，让各类主体都有发布信息的权利，当然，要在主流价值观的约束之下。

元宇宙中的孪生媒介无处不在，孪生媒介是一个重要的基础性服务。海量模型资产的管理，需要孪生基座的支持；组织信息并向任意指定孪生媒介位置做发布，需要创作工具的支持；根据用户个性化需求向其定向推荐匹配内容的算法，需要数据智能 AI 算法支持；针对性的舆情商情分析，需要大数据分析平台支持；是否有违背社会规则、主流价值观的内容或行为，不能靠传统媒体的人工审核机制，而需要模型构建的底层逻辑支持。

（2）数字人

近年来，随着 XR 技术及应用的日趋成熟，Microsoft、Google、Facebook、Epic Games、Intel、Digital Domain，以及国内的华为、腾讯、百度、搜狗、魔珐等公司，都在虚拟数字人方面投入大量资源，以期实现更加逼真、易用的虚拟数字人产品。数字人可独立于虚拟环境及应用，成为一类重要的共性服务，向更多的第三方应用提供赋能。

数字人，业界也称作虚拟化身、Avatar、虚拟角色、虚拟代理人，是指通过 3D 技术构建人体 3D 模型，可配备衣着等装饰，通过动作捕捉、表情捕捉等技术赋予其动作，通过真人声音或语音合成技术赋予其独特的声音，从而实现高度逼真或卡通风格的虚拟角色，用于影视制作或虚拟社交、游戏等在线应用。

数字人，既可以是用户本人的虚拟化身（代理人），也可以是元宇宙中某个政府部门、商业机构对外提供服务的智能客服角色，甚至有可能是一个文明实践教育游戏中的 NPC。这种人格化载体，将可为用户接受服务提供更加自然的交互方式。

用户在使用数字代理人时，需要绑定自己的虚拟身份，在元宇宙中的行为数据将被记录，成为经验值积累的依据，也将与元宇宙信用体系相关联。用户在元宇宙中可以创造属于自己的虚拟财富，这些财富可由元宇宙信用体系加以确权，也可通过元宇宙价值体系在现实世界中变现。

（3）信用体系

传统的信用体系，采用 AAA（身份认证、鉴权、计量）方式对用户（组织、法人、个人等）在系统中的权限进行确认，通过消费及行为数据的分析对其进行信用评级。目前每个平台或系统的信用系统，对某个特定主体的信用评价都是片面的。元宇宙的信用体系，将可基于全局数据做出更加全面的信用评估。元宇宙的信用体系，可基于区块链技术支撑，对用户的资产、劳动进行确权，使其无法被篡改，提供可信证链。

（4）价值体系

元宇宙价值体系，与信用体系有一定关联，同样可基于区块链技术支撑实现各类交易，交易物可包括各类资产、劳动、NFT 等。价值体系更为重要的作用是，要为元宇宙世界定义交易规则，发行数字货币，建立起完整的金融、市场、消费体系。元宇宙价值体系的建立，必然要考虑现实世界经济体系的关系。如何能够获得国家的认同，既能实现虚实经济体系的互通，又不至于扰乱现实世界经济秩序而被各国政府强行关闭。这个问题，到目前为止仍没有各方都满意的答案。

（5）故事引擎

无论影视剧、游戏、剧本杀，还是只有 5 分钟的短视频，都需要有剧本。元宇宙故事引擎，首先提供剧本创作辅助工具，并可与虚拟模型资产、数字人等服务能力打通，获得场景、人物资源，借助创作工具进行虚拟制作，并实现对创作作品的管理。

元宇宙故事引擎，需综合考虑故事剧本的聚焦性、精彩性，与故事开放性、交互性的平衡，才能有效支持元宇宙时代的故事创作。

（6）渲染引擎

元宇宙渲染引擎，包括离线渲染引擎、实时渲染引擎、渲染流化引擎三类。离线渲染引擎，主要用于影视 CG、图片高品质渲染，随着渲染算力的提升以及实时渲染的快速发展，离线渲染引擎使用可能会减少。实时渲染引擎，主要用于游戏开发及运行，目前已越来越多被集成用于影视虚拟制作中，实现影视预演、CG 制作前置，有机会彻底改变传统影视制作流程。渲染流化引擎，主要用于支持云游戏的运行和使用，游戏运行在云端服务器，实时渲染画面以视频流方式推送到用户终端，用户操控指令上传到服务器并实现对游戏的实时控制。云游戏模式给低配终端用户一种玩大型高品质游戏的途径，将来可能会持续存在。

元宇宙渲染引擎，需要有材质引擎、物理引擎、动画引擎、粒子引擎、图形渲染（光线追踪、后处理）、声音渲染等核心功能。需要提供超低时延的实时渲染效率，以及更加易于使用的蓝图等功能。

（7）创作工具

不同的经济形态，由不同的生产力和生产关系所决定。人员组织及传播模式影响生产关系，生产工具则直接影响生产力。农业经济时期，以锄、犁、锹为工具，辅助人力和畜力的生产力；工业经济时期，以机械设备为工具，以热力电力为生产力；数字经济时期，以云与计算为生产工具，以网络和算力为生产力。具体到文化传媒领域，图文媒介时期，以排版和印刷机器为生产工具；视听媒介时期，音视频拍摄以摄像机和编辑软件为生产工具；网络媒介时期，应用软件开发及内容处理以计算机和智能手机为主要生产工具；元宇宙时期，3D 建模及应用开发工具将成为主要内容生产工具。

元宇宙是一个开放的新时空，要允许更加自由、低门槛的 PGC/UGC 创作者共同参与建设。新的 3D 应用开发引擎及工具集，要在保障生产内容品质的前提下，尽量降低用户学习和使用成本。目前游戏影视制作领域的一系列工具，如 3DMAX、AE、U3D、UE5、MAYA、AVID、Premiere、Finalcut 等会继续被使用，但需要出现更加便捷易用的工具，以释放大众的生产力，就像目前流行的短视频和网络直播一样普及。元宇宙应用创作工具，需要由 3D 模型转换、3D 场景框架、UI 框架、XR 引擎、设计 Studio（包括场景设计、模型设计、数值系统设计、关卡交互设计、版本发布的 IDE 集成开发环境）等功能构成，并通常与实时渲染引擎密切配合使用。

随着内容制作全流程上云发展，XR（VR/AR/MR）及孪生应用制作的需求增加，我国在内容生产工具领域有一次难得的赶超机遇。国内公司通过构建围绕元宇宙应用场景的 E2E 核心能力，包括实时渲染引擎等，将有机会推出面向全球的新型、高效的生产工具集，改变当下对国外工具的强依赖被动局面。

### 2.5.7　生态应用

元宇宙的生态应用层，必然要构建一个开放的应用生态，就像现实世界里一样，人是自主的主体，其行为有无限种可能，当然会受到底层逻辑的约束。

孪生应用的呈现终端可以是 XR 眼镜，也可后向兼容 TV、PC 等终端。孪生应用相比于之前，具备更大的信息容量、更丰富的信息组织形式、更人性化的交互体验。孪生应用可以直观访问孪生地球，作为入口形态，如类比现有概念，这将是一个超级 App，一个 3D 形态的新型门户或应用商店。元宇宙平台应提供尽可能低的孪生应用开发门槛，支持视频/游戏/App/XR 应用创新，以形成平行世界丰富的孪生应用生态。

鉴于孪生地球元宇宙的全球视野尺度必然导致门槛高垒，且孪生地球云平台是构建平行世界智能社会的重要基础设施，国家有必要在肇始阶段就加强统筹及管控，这将大大降低出现过度商业化、过多版本并存的无序状态的可能性。通过国家特许经营方式，完全有条件形成统一时空的孪生地球元宇宙平台，打造统一、开放的孪生应用生态。

构建起全球用户认同并自愿加入的孪生地球元宇宙平台，将是实践"人类命运共同体"理念的有效工具。孪生地球的游戏规则建立，应以"人类命运共同体"愿景为出发点，需充分考虑如何消除国家、民族之间的政治文化隔阂。全球能够参与孪生地球平台竞争的玩家仅有个位数，这将成为全球秩序治理的"水晶球"，成为人类文明与智慧聚合的共同精神家园。

具体的元宇宙生态应用包罗万象。不同类型的用户（可以是政府、社会组织、企业、军队，也可以是小组、个人）通过创作工具，充分利用共性服务和平台资源，都有机会创作出优秀的孪生应用，实现自我价值和社会价值。应用服务领域主要包括媒体、社交、游戏、电商、会展、教育、体育、文化、旅游、医疗卫生、智能制造、政治、军事、金融、地产等。所有应用的形态无法假设，需要广大用户去创作和塑造。

## 2.6　元宇宙的分层技术模型

不管是宋嘉吉提出的 BAND 技术体系，还是赵国栋、邢杰等提到的 BIGANT 技术体系，都很经典。沈阳提出的 We aimed to begin 技术体系和颜阳提出的 BASIC 技术体系，则更加全面、完整。然而，这样描述元宇宙的技术体系，很容易让读者把元宇宙的各核心技术割裂开来，不容易看到核心技术点之间的关系，也不方便理解这些技术如何构建元宇宙。

### 2.6.1　元宇宙不是若干技术的集合

每位元宇宙的技术专家或研究者都知道元宇宙包含若干关键技术，只要元宇宙的技术体系还没有形成最终共识，那么还会有更多的人来总结元宇宙的技术体系。只是最开始的时候，大家整理的核心技术是 BAND 的 4 项，后来发展为 BAGANT 的 6 项，然后又发展为 We aimed to begin 的 12 项，之后又发展为 BASIC 的 15 项。相信未来会有更多的技术体系不断提出、不断完善。

不管是 4 项、6 项，还是 12 项、15 项核心技术，加起来都不是元宇宙。不管多少项元宇宙的核心技术，简单地拼凑在一起都不是元宇宙。

### 2.6.2　集成创新是最大的创新

两个看着都非常简单的事物，要组合起来，产生新的价值，有新的使用场景，这个就是我们所说的集成创新。从历史的角度来看，集成创新是非常难的。

智能手机是芯片技术、触摸屏技术、操作系统和网络技术的集成创新，元宇宙是人工智能、区块链、大数据、物联网、虚拟现实、3D

引擎等技术的集成创新。

集成创新不是集合创新，集成创新要求的是事物的有机组合，而不是简单拼凑。从历史的角度来看，任何技术的创新都是在前人已有技术的基础上做集成创新，集成创新的关键是如何把已有的若干项简单事物有机结合起来，产生新的价值，并具有新的使用场景。

在苹果第一代智能手机出现之前，芯片技术、触摸屏技术、手机操作系统、网络技术等都已相对成熟，达到一定奇点。在这种情况下，乔布斯的天才体现于他把这些事物集成在一起，构建了一个新的产品——智能手机，满足用户的使用需求，具有巨大的价值，这才创造了苹果手机的伟大，也佐证了乔布斯的伟大。

### 2.6.3　元宇宙的技术分层

我认为元宇宙既不是 4 项技术的集合，也不是 6 项技术的集合。我把元宇宙的核心技术进行了分层（图 2 - 4）。

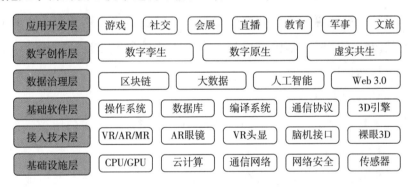

**图 2 - 4　元宇宙的分层技术架构**

（1）基础设施层

元宇宙的最底层，是基础设施层，包括各种算力技术（如 CPU、GPU 等）、云计算、边缘计算、通信网络、网络安全、数字安全、传感器、物联网等技术。基础设施首先是各种芯片技术，如 5G 芯片、基带芯片、人工智能芯片等，这些芯片的处理速度还远远达不到未来元宇宙的要求。未来不管是 CPU、GPU，还是基带、人工智能芯片，这些技术都需要快速的发展。所以，芯片技术是未来元宇宙的核心技术。

通信网络是未来还需要持续改进的技术。现在已经商用的 5G 技术，理论网络传输速率在 1.25Gb/s，元宇宙还将推动网络速度的进一步提升，6G 也并不是网络的尽头。

元宇宙是一个更开放的网络空间，由于区块链的使用，个人数据将更频繁地在元宇宙中产生、传播和使用，网络安全要求将更艰巨，内容安全任务也将加剧。个人数据很可能保存在链上，对数据安全的要求也会大大提高。网络安全将第一次成为互联网的基础设施。

（2）接入技术层

接入技术有点类似于交互技术，也是把现实世界映射到虚拟世界的一些数据采集工具，也可被认为是元宇宙的入口。

这些技术主要指虚拟现实的设备，包括前面提到的 AR 眼镜、VR 头显、脑机接口等。这些技术需要进一步的发展，才能满足未来迫切需要的沉浸式体验。脑机接口是一个很重要的研究方向，有助于人们未来更自然地进入元宇宙。

（3）基础软件层

基础软件层包括操作系统、数据库、编译系统、通信协议、通用语言、3D 引擎等。

未来的元宇宙时代应该有全新的操作系统，我觉得不大可能是现有的 iOS 操作系统，或者是微软的 Windows 操作系统，也不会是 Linux、Unix 等操作系统。现在看上去，华为的鸿蒙操作系统比较有可能成为一个未来相对比较好的元宇宙操作系统的选项。

基础软件还包含数据库的技术。元宇宙有大量的数据需要存储，数据量会远远超出我们的预期。未来元宇宙需要的数据库可能不会是现在的关系型数据，也不会是目前常用的 MongoDB、Neo4J 等。未来可能有各种格式的、各种异构的巨量的数据。所以，在元宇宙中，数据库的技术算是一个核心。

　　未来在元宇宙中可能也要开发应用，也要编程，也要有编程的语言和编程的编译器，这些也包含于基础软件层。

　　(4) 数据治理层

　　数据治理层首先包括区块链技术。前面已经提到，区块链技术主要实现的就是五个功能：数字身份、数字资产、数字货币、数字交易和数字市场。

　　区块链解决的第一个问题就是数字身份。人类进入元宇宙是通过化身的形式，化身除需要一个前端可见的虚拟人外，还需要后端的标识，也就是数字身份。制造这个身份标识最好的办法就是用区块链技术。

　　未来元宇宙里面交易的大部分是数字产品。数字产品的复制成本为零，理论上很容易生产无数个，这不符合经济学原理。因此，数字产品要变成可销售的商品，就必须资产化。资产化就是标识该商品或者说明该产品到底是谁生产出来的。现实世界中，我看到一斤粮食，这个粮食由某一位农民生产出来，我要给他钱，他才会把他的粮食给我。在虚拟世界里，我怎么知道一个道具或者一个皮肤是谁生产出来的呢？这个标识技术现在一般采用 NFT，这就是用区块链来实现的，所以数字资产化的实现必须要用到区块链技术。

　　只要有交易就必然会涉及利益，在元宇宙里，某个人设计出道具、游戏、服装等，谁想获得都应该给钱。在元宇宙里面应该怎么给钱呢？元宇宙里的"钱"，不大可能是现实世界的美元、人民币、欧元等法币，元宇宙里面的钱是基于区块链技术的，我们称之为数字货币。

　　元宇宙要实现交易，交易的过程不能够通过银行。在未来的元宇宙里，没有哪家银行的服务能力、处理能力能够满足交易需求。未来元宇宙的商品交易不可能是基于中心化的银行体系，只能是基于去中心化的、点到点的、一手交钱一手交货的这种形式的数字交易。

（5）数字创作层

数字创作技术包括数字孪生、数字原生和虚实共生。数字孪生技术其实就是把现实的世界通过数据采集映射到虚拟的世界里去。举一个例子，现实世界里有一座北京城，要把整个北京搬到元宇宙里面去，搬到这个数字世界里面去，要用的主要技术就是数字孪生技术。

另一个技术就是前文所说的元宇宙中的世界编辑器，或者叫作数字设计技术。元宇宙里面的数字北京城是一个线上的城市，或者说虚拟的城市。在这个虚拟北京里，可以建立一个元宇宙产业基地，可以创办一家服装店，或开一家中餐馆，这都需要去编辑，去设计。

再举个文旅的例子，在现实世界里有一座黄山，在虚拟世界里也有一座黄山。我们如果想去虚拟世界里看一看黄山，那么就要编辑一座虚拟黄山。一个好的编辑器，就应该像修图软件一样，效果立马可见，使用灵活，且人人会用。这非常重要。

（6）应用开发层

在元宇宙里，可能会优先实现的应用是游戏、社交、媒体、广告等。在未来，每个行业、每个产业都会元宇宙化，这就需要开发大量的元宇宙应用程序，应用程序的开发也是一项核心的技术。

综上，本书理解的元宇宙的核心技术分为六层，第一层是基础设施，主要指芯片技术；第二层是接入技术；第三层是基础软件；第四层是数据治理，主要指去中心化技术；第五层是数字创作，主要指数字孪生与数字设计技术；第六层是应用开发。

## 2.6.4 总结

元宇宙是众多技术的有机结合，而不是简单的拼凑。本书认为元宇宙是众多信息技术达到一定奇点的产物，也是众多技术发展到一定阶段的必然结果。希望读者能深刻理解元宇宙各项核心技术之间的关系，理解如何将几十个元宇宙核心技术组合成一个元宇宙的应用场景。

## 2.7　中国元宇宙技术的现状及完善

### 2.7.1　沙漏型的技术现状

中国元宇宙技术现状呈现沙漏型，也就是说中国元宇宙的底层基础设施和顶层应用开发做得都非常不错，而中间层的各项技术却相对薄弱。

在底层的元宇宙基础设施建设方面，包括大数据中心、超算中心、互联网数据中心、云计算平台、5G 网络等，中国做得都非常好。这是我国近 30 年互联网基础设施建设留下来的宝贵财富和基础。我们可以自豪地说，我国拥有世界上最好的元宇宙基础设施。

虽然元宇宙方兴未艾，但是可以预测，顶层的元宇宙应用方面，中国在未来也会做得非常不错。这一点可以从互联网时代中国的互联网应用水平远超美国等其他国家看出。例如，我国的电子商务、社交、短视频、移动支付、打车、共享单车等业务在全世界都是顶尖的。在我国，大部分的互联网应用和移动互联网应用的龙头企业都是本土企业，在互联网应用层面，没有美国的巨头在中国形成垄断优势。

### 2.7.2　加强核心技术、基础软件的研发

在互联网时代，中国的互联网虽然欣欣向荣，但实际上核心技术非常缺乏。本土企业既没有参与互联网的核心骨干网络建设、协议开发，在后期的互联网应用中，也没有太多可圈可点的技术积累。在中国，早期的互联网模式基本上都是 copy to China，即把美国成功的商业模式拷贝到中国，利用中国庞大的市场和海量的用户群体实现巨大的商业价值。中国的互联网企业并没有太关注核心技术的研发，而更多关注商业模式的创新和营销手段的升级。

无论是技术，还是商业模式，copy to China 的道路在元宇宙时代将不复存在。2018 年，美国已经通过法案，禁止 14 项核心技术向中国出口。2020 年 10 月 15 号，美国政府公布了"国家关键技术和新兴技术战略"，列举 20 项国家安全重要科技，认为需要发展和保护这些重要科技，而区块链和芯片技术都被列为美国国家安全技术。随后美国又几次增加了美国国家安全技术范围，与元宇宙相关的核心技术几乎都被列为美国国家安全技术，都将禁止向中国出口。

因此，我国必须加强元宇宙的网络安全、基础软件、3D 引擎、渲染引擎、元宇宙空间等核心技术的研发，将美国可以对中国卡脖子的技术限制在尽可能小的范围。同时，我们应加强人工智能、区块链、大数据、物联网、虚拟现实等核心技术的研发，并加强相关技术伦理的研究，关注技术与产业的协同发展。

### 2.7.3 加强标准的制定

我国在制定行业标准、国家标准、国际标准等方面反应速度偏慢。许多战略新兴行业需要有行业标准、国家标准、国际标准的提前布局，否则容易陷入割据的局面，影响行业的健康发展。

2022 年 4 月，《中共中央　国务院关于加快建设全国统一大市场的意见》正式发布，其中第十七条明确提出"推动统一智能家居、安防等领域标准，探索建立智能设备标识制度"。这表明智能家居统一标准的问题一直是行业发展的痛点，如今也再次受到政府的关注。

目前智能家居在技术应用上存在信息孤岛的问题，各企业制定自己的标准，采用不同的通信协议，使得不同品牌的电器难以互联。每个品牌的电器都需要下载自家的 App 才能使用，这样就会导致每个家庭需要下载若干不同厂商的 App。这也导致很多国内用户不愿意购买国产智能家居设备，从而导致我国在智能家居行业整体水平不高。这都是由于缺乏行业标准、国家标准。

　　元宇宙的复杂程度远远超过智能家居,这将是一个非常庞大的系统工程。我国在互联网时代缺乏制定标准的经验,也没有养成制定标准的习惯。在元宇宙时代,我们要奋起直追。制定国际标准是占领国际市场的制高点,制定国家标准就是规范行业发展的指挥棒。现在元宇宙各赛道还没有形成巨头,企业之间的竞争也还没有白热化。这正是制定各项标准、规范行业发展的最佳时期,一定要把握。

# 第3章
## 不同国家、地区元宇宙发展状况如何？

总体来讲，美国技术先进，科技发达，创新环境好，创新能力强，其元宇宙走在世界最前列。中国紧随其后，应用场景非常丰富，基础设施建设发达，人才储备充分，未来元宇宙的潜力巨大，最有可能成为未来元宇宙时代的引领者。日本和韩国一直在积极布局，希望能够在元宇宙时代占据先机。欧洲由于错失了互联网发展的红利期，目前也开始跟进元宇宙。元宇宙的浪潮，即将在全世界掀起。

## 3.1　美国元宇宙现状

整体来讲，美国提出了元宇宙，引领了元宇宙，也实施着元宇宙。由于其良好的科技基础和科技创新体制，美国的元宇宙将持续保持强势。

### 3.1.1　美国政府对元宇宙的态度

（1）美国政府对元宇宙的关注

美国政府对元宇宙赛道给予了高度关注。美国国会于 2019 年通过了《虚拟现实技术法案》，提出在联邦政府内部设置一个"关于虚拟现实和增强现实技术实用性顾问委员会"。2021 年，美国国会又通过了《2021 美国联邦创新和竞争法案》，将沉浸式技术列为 10 大关键技术聚焦领域之一。

（2）元宇宙科技监管

虽然美国尚未提出明确的元宇宙建设纲要性文件和官方表态，对于元宇宙的发展仍处于观望状态，但是其对元宇宙领域的数据安全的担忧及产业巨头垄断风险的警惕暂时占据上风。美国的监管机构重点关注数据安全和隐私保护问题。美国政府认为：在元宇宙中，不论是用户直接提供的，还是间接产生的数据，如生物特征、地理位置、银行信息等，以及各种统计数据，如消费习惯、游戏习惯等，都属于用户隐私，都应纳入数据安全和隐私保护的范畴。

美国对隐私保护和数据安全一直非常重视。2018 年，美国联邦贸易委员会对 Facebook 的消费者数据泄露行为处以 50 亿美元的罚款，并对平台实施了更严格的隐私限制。监管部门的重拳出击让互联网公司不得不更加谨慎地对待用户数据。

2021 年 10 月，美国两党参议员提出《政府对人工智能数据的所有权和监督法案》，要求对联邦人工智能系统所涉及的数据特别是面部识别数据进行监管，并要求联邦政府建立人工智能工作组，以确保政府承包商能够负责任地使用人工智能技术所收集的生物识别数据。这一新规体现出美国国会对数据安全和隐私保护的决心，元宇宙同样不是法外之地。

（3）政企合作

美国政府与企业之间的合作非常紧密，美国政府也一直积极寻求与科技企业之间形成某种默契。在元宇宙领域，美国政府与科技企业的合作更为紧密。

一方面，美国企业持续推动美国政府加强对元宇宙的认知，以塑造有利的竞争和创新环境，让美国相关产业在全球脱颖而出。Meta 等科技巨头正积极与美国政策制定者、学者、合作伙伴和专家洽谈，以帮助其以"负责任"的方式来构建元宇宙版图，并试图联合各方为元宇宙虚拟世界创建标准和协议，塑造科技巨头对于新兴互联网形态的自我监管模式。美国政府与业界间的博弈短期内难见分晓。

另一方面，美国政府也积极探索元宇宙相关领域，听取科技企业对元宇宙的理解。2021 年 12 月 8 日，美国国会召开听证会"数字资产和金融的未来：了解美国金融创新的挑战和好处"。共和党众议员帕特里克·麦克亨利（Patrick McHenry）提出如下问题：

> 我们如何确保 Web 3.0 革命发生在美国？加密货币对未来的影响可能比互联网更大……我们需要合理的规则……不需要立法者仅仅出于对未知的恐惧而下意识地监管……因未知的恐惧而监管只会扼杀美国的创新能力，使我们在竞争中处于劣势。

此次国会听证会的观点在某种程度上代表了美国政府对 Web 3.0、数字资产、科技创新的态度：加速监管创新，但又不错过任何一次科技的革命性创新。

2021 年 4 月 21 日，美国怀俄明州议会批准、州长签署了 DAO 法案，法案于 2021 年 7 月 1 日生效。法案明确，DAO 的智能合约高于公司章程。

### 3.1.2　Roblox 公司：元宇宙的先行者

尼尔·斯蒂芬森在《雪崩》中率先提出 Metaverse 这个词语，而将 Metaverse 这个科幻词语第一次变成科技术语的是美国游戏公司 Roblox。2021 年 3 月 11 日，Roblox 在美国纽约证券交易所成功 IPO。在其招股说明书中，Roblox 这样写道：

> 有些人将我们的类别称为元宇宙，这个术语通常用于描述虚拟宇宙中持久、共享的 3D 虚拟空间的概念。元宇宙的想法已经由未来学家和科幻作家写了 30 多年。随着日益强大的消费计算设备、云计算和高带宽互联网连接的出现，元宇宙的概念正在实现。

（1）元宇宙第一股

Roblox 拥有全世界最大的多人在线创作游戏平台。至 2019 年，已有超过 500 万的青少年开发者使用 Roblox 开发 3D、VR 等数字内容，吸引的月活跃玩家超 1 亿。Roblox 在玩法上进一步创新升级，类型更全面。除传统的探索建造类沙盒玩法外，Roblox 还覆盖主流的角色扮演、第一人称射击、动作格斗、生存、竞速等玩法和其他创意内容。

Roblox 成立于 2004 年，公司成立之初定位为青少年的物理学习工具。经过多年的发展，Roblox 如今成为集娱乐、学习于一体的全球化跨平台模拟社区。2021 年底 Roblox 公司发布的公告披露，平均每天有来自世界各地总计超过 4320 万人登录 Roblox 与朋友取得联系，2021 年全球用户消费总时长达到了 400 亿小时，平均每人每天时长超过了

2.5 小时。平台应用由用户使用公司研发的 Roblox Studio 引擎自主开发生成，有超过 800 万活跃的开发人员，由 Roblox Cloud 提供网络存储、安全、传输等相关的支持服务，Cloud 会根据用户的社交画像、地理位置、语言和年龄等因素，将用户分配给特定的内容实例。Roblox 的愿景是利用高保真的虚拟化身、逼真的体验、3D 空间音频技术、对 AR/VR/XR 的支持，共建虚拟化的人类社区。

（2）定义元宇宙特征

Roblox 作为首个将元宇宙写入招股说明书的公司，很早就开始了对于元宇宙的研究。Roblox 的首席执行官大卫·巴斯祖奇（David Baszucki）首先提出平台通向元宇宙的 8 大关键特征：身份、朋友、沉浸感、低延迟、多样性、随地、经济以及文明，而 Roblox 创立的平台的主要特征也与元宇宙的关键因素高度重合。因此，在科技界一般认为 Roblox 是最接近元宇宙的公司。

目前平台主要有两大功能：第一个是 UGC 游戏创作平台，为广大开发者提供平台创作游戏；第二个就是互动社区，所有的游戏创作者们可以在社区中畅所欲言，并且玩家也可以在这个互动平台互相交流或是直接和游戏开发者进行交流提出建议来帮助创作者改良游戏。

在保证趣味性的同时，Roblox 对创作工具持续升级，提供更为强大的编辑功能和更丰富的素材库，鼓励玩家积极主动进行数字内容创作。

### 3.1.3 Facebook 的元宇宙布局

在这一波元宇宙的大潮中，Facebook 无疑属于最激进的公司。2021 年 10 月 28 日，马克·扎克伯格在 Facebook Connect 大会上宣布将 Facebook 更名为 Meta，并于 2021 年 12 月 1 日起以新的股票代码"MVRS"进行交易，标志着将以元宇宙为先机，通过发展 AR、VR 等软硬件及相关生态，最终将公司打造成元宇宙企业。

（1）全面布局元宇宙

Facebook 在元宇宙方面的探索一直走在前列，2021 年 9 月投资 5000 万美元成立 XR 计划和研究基金，用于元宇宙生态规则的探索和研究，通过和行业伙伴、民权组织、政府、非营利组织以及学术机构等建立合作，分析元宇宙中存在的问题和机会。

（2）扎克伯格的元宇宙梦想

马克·扎克伯格表示，自己从中学时候就开始考虑这些东西，并开始编码。他这么描述元宇宙："从我们醒来的那一刻起，到我们上床睡觉的那一刻，能够跳入元宇宙做几乎任何你能想象到的事情。" 2021 年 7 月，扎克伯格描述了他对元宇宙的愿景，希望用 5 年左右的时间打造一家元宇宙公司。扎克伯格表示，希望在未来 10 年内，为百万创作者和开发者提供就业机会。目前来看，Facebook（Meta）的元宇宙版图覆盖了办公、游戏、社交、教育、健身等多种场景，并在不断探索更丰富的应用领域。

（3）组织架构变革

Facebook 正式更名为 Meta 前，已着手组建新产品团队来进行元宇宙的研究和实践。自 2019 年 9 月起，包括 Oculus 在内的 AR/VR 团队被重新命名为 Facebook Reality Labs，目前 Facebook 有近一万名员工在从事 AR/VR 的相关工作，占全部员工比例近 20%。

2021 年 7 月，Facebook 正式宣布，将组建一个专门开发"元宇宙"的产品团队，隶属于 Reality Labs。公司高管安德鲁·博斯沃思（Andrew Bosworth）担任元宇宙团队的牵头人，团队主要成员包括 Instagram 产品副总裁维沙尔·沙阿（Vishal Shah）、领导 Horizons VR 世界开发的 Facebook Gaming 副总裁威韦克·沙马（Vivek Sharma）和负责 Oculus 内容的高级主管杰森·鲁宾（Jason Rubin）。元宇宙团队的主要成员来自 VR 游戏团队、AR/VR 内容团队以及收购的 Unit2Games 团队。

（4）VR/AR 的布局

Facebook 在 VR 硬件方面处于行业龙头地位，自 2014 年收购 Oculus 以来，持续加码 VR 生态。2016 年发布了第一代消费者版 VR 设备 Oculus Rift CV1，并持续更新迭代，一共推出了 5 代产品。据 IDC 数据，2021 年第一季度的 VR 硬件市场，Oculus 系列产品占据了 75% 的市场份额，其最新产品 Oculus Quest 2 因出色的性价比（起步价 299 美元）受到消费者喜爱，出货量高达 460 万台。硬件渗透率的提升，将带动用户数量、创作者数量的增加，以硬件促进软件和应用生态的完善。

Facebook 布局新一代 MR 设备 Project Cambria，与 Quest 系列兼容但是一套全新的、带来更好体验的硬件产品，通过混合现实技术，包括面部和眼动追踪的功能帮助用户获得更好的社交临场感，从而将现实世界更好地呈现在头显中，带来更逼真的感知体验。

2021 年 11 月 16 日 Reality Lab 发布了触感手套的最新研究进展，可以让使用者在 VR 世界中再现抓握物体或用手在表面上滑动等感觉，通过在软制动器和微流体的新兴领域（分别用于假肢和 PoC 诊断设备的技术）的突破性进展，提高 VR 世界中抓握物体的舒适度和使用感。这是 Facebook 元宇宙宏图的另一重要部分，将视觉、听觉和触觉融合在一起，使增强的数字世界更加逼真。而通过在 XR 领域的研发推进，Facebook 在元宇宙领域逐步形成领先的技术优势。

（5）积极推广数字货币

经济系统是元宇宙的基石，而数字货币是元宇宙经济的基础。元宇宙经济活动中数字资产、数字货币、数字交易、数字市场都非常重要，而其中起关键作用的就是数字货币。数字货币串联起元宇宙经济的全过程，Facebook 也积极部署数字货币。2019 年 6 月 Facebook 发布《Libra 数字货币白皮书》，初衷是建立一套简单的、无国界的货币，为数十亿人服务的金融基础设施，在安全稳定的开源区块链基础上创建一种稳定的货币。2020 年 Libra 正式更名为 Diem，Diem 作为稳定币是一种与美元或欧元等法定货币挂钩的加密货币。Diem 项目运行在自己的区块链上，具有流动储备资产（现金、现金等价物、超短期国债）的完全支撑。目前 Diem 协会会员由 26 家公司和非营利组织构成，包括 Shopify、Uber、Spotify 等具有大量支付场景的公司。

（6）拓宽元宇宙内容生态

Facebook 近两年收购 6 家 VR 公司和游戏工作室，不断丰富 VR 场景的内容制作能力，打造基于 VR 硬件终端的系列社交应用，包括提供虚拟居家场景的 Horizon Home，虚拟远程会议和办公的 Horizon Workrooms，以及具有用户自主创作功能的游戏社交平台 Horizon Worlds，让虚拟现实中的社交参与度更富有深度和广度。

Horizon Workrooms 于 2021 年 8 月推出，重新定义了"办公空间"，提供一种虚拟现实混合体验，用户可以在 Workrooms 中的各类虚拟白板上表达自己的想法，并且可以将自己的办公桌、电脑和键盘等带进 VR 世界中并用它们进行办公。Workrooms 提供各类办公场景和陈设，用户可以根据需求选择不同的会议室和办公室。

随着硬件和软件的全面更新优化，未来必然会迎来应用场景的大幅扩展。Facebook 依托自身约 30 亿用户的社交网络体系，在元宇宙生态方面拥有天然的用户基数优势，为元宇宙内容、应用的试验与创新提供了孵化温床。此外，Facebook 通过底层技术研发开发工具及平台，以 Spark AR、Presence Platform、PyTorch 等赋能内容创作，联手创作者共同实现元宇宙的宏大愿景。

### 3.1.4　微软的元宇宙布局

社交网络巨头 Facebook 将品牌更名为 Meta，以推动为消费者和企业构建元宇宙的计划。微软也不甘示弱，决然加入了元宇宙大战。

（1）办公与游戏并重

微软元宇宙布局主要体现在办公和游戏行业。比如，要在其协作办公软件 Teams 内部建立虚拟世界，利用 3D 化的卡通人物造型，通过语音、体感等智能技术，降低线上会议的疲劳度，使人们彼此能够更真切沟通；Xbox 等游戏平台游戏如《我的世界》《模拟飞行》等已经在一定程度上接近元宇宙。与 Meta 的元宇宙愿景不同，微软不是要自己控制元宇宙，而是希望将不同的元宇宙连接起来。

2022 年 1 月，微软宣布计划以 95 美元每股的全现金交易收购陷入困境的视频游戏发行商——动视暴雪。4 月 29 日，美国视频游戏发行商动视暴雪宣布，股东批准了以 687 亿美元的价格将其出售给微软的提议。交易完成后，该部门将由微软游戏业务首席执行官菲尔·斯宾塞（Phil Spencer）领导。

（2）微软的元宇宙技术与产品

在微软看来，元宇宙的本质在于构建一个与现实世界持久、稳定连接的数字世界，元宇宙将让物理世界中的人、物、场等要素与数字世界共享经验。比如，在企业加速数字化转型的过程中，元宇宙可以让人们在数字环境中会面，借助数字替身以及更有创意的协作方式，让人们从世界的各个角落，更加自如地彼此交流沟通。

微软为驱动元宇宙提供了所需的各种技术和产品支撑，已经形成从数据预测与模拟、历史数据追踪分析、建模与检测及同步现实世界等能力进行突破的技术栈，涉及 IoT、数字孪生、混合现实等技术领域，以及在人工智能的帮助下，以自然语言进行交互，并用于视觉处理的机器学习模型等技术储备。其主要产品包括 Microsoft HoloLens、Microsoft Mesh、Power Platform、Azure 等。

微软在 AR 领域最成熟的产品当属 HoloLens 2，售价 3500 美元，相比于市面上虚拟现实相关产品，微软 HoloLens 的缺点在于价格偏高（Meta 公司 2020 年推出的 Oculus Quest 2 售价仅 299 美元）。HoloLens 2 搭载了高通公司的骁龙 850 处理器以及第二代定制的全息照相处理单元，带有 6DoF 跟踪、空间映射和混合现实捕捉功能，还支持实时眼动追踪(两个红外摄像机)、语音命令、Windows Hello。微软将其设计为适合配戴近视眼镜,因此用户无须将眼镜摘下来即可使用 Holo-Lens,一次充电即可使用 2 ~ 3 小时,并且支持 USB-PD 快速充电。

微软表示,未来将把虚拟体验协作平台 Mesh 直接植入 Teams 中,将不同元宇宙无缝黏合起来。微软将元宇宙的重心放在未来的工作领域。微软 Mesh 给用户的感觉就像是 Teams 会议的未来,通过加入 3D 化的卡通人物造型,可通过语音、体感等智能技术,对参会人的语音、体态等进行合成展示,给人一种身临其境的感觉。微软正在努力让会议更具互动性,如共同模式和其他实验。

微软将使用人工智能来聆听用户的声音,通过 3D 采集设备对用户的姿态表情进行识别,然后通过 3D 的形式将用户的声音、体态、表情等通过虚拟的卡通动画形式展示出来。通过这种会议形式,可以在很大程度上消除人的会议疲劳,从而提升会议效率。在这个场景中,我们可以看到微软在元宇宙的布局,更倾向于将存在感、肢体语言、眼神交流和反应等通过虚拟技术呈现出来,这些都是直接影响人类切身体验的核心要素。微软的核心目标是构造沉浸式虚拟空间,提高人在其中的参与度、体验感,人们不仅可以在里面进行高效会议,还可以进行沉浸式联网游戏和社交,甚至可以使用微软应用程序进行项目上的协同合作。微软甚至增加了对翻译和转录的支持,所以用户可以在虚拟 Teams 空间里与来自世界各地的同事见面,语言障碍更少。

(3) 微软办公领域案例

企业将可以在 Teams 内部建立自己的虚拟空间或元宇宙。亚历克斯·基普曼和他的团队花了数年时间与埃森哲共同打造支持 Mesh 的沉浸式空间。埃森哲拥有超过 60 万名员工,为全球客户提供服务。新冠肺炎疫情之前,埃森哲就建立了一个虚拟园区,来自任何地方的员工都可以聚集在这里喝咖啡、听讲座、参加聚会和其他活动。疫情暴发后，沉浸式空间的重要作用便突显出来：帮助新员工入职。这个充满未来感和游乐园般的沉浸式空间有一个中央会议室、一个虚拟会议室和一辆可承载新员工四处参观的单轨列车。在这个空间中，高层领导可以通过经验分享使得新人快速了解企业文化，为后面项目合作打下基础。这时虚拟空间的主要作用是拉近人与人的距离，提高彼此的相互信任与同理心，提高人们的交流与协作效率。企业人员甚至可以在虚拟空间中，直接进行应用程序使用，如制作 PPT 等。

元宇宙的定义以及它包含的内容因使用对象不同而存在较大差异，但竞争正变得越来越激烈。除预想的企业用户外，基于消费的模型也可能是微软的元宇宙目标。Teams 拥有近 2.5 亿月活跃用户，即使很少的用户使用元宇宙技术，对该公司来说也是值得的。因为首先产品的认可是需要逐步渗透的，其次随着运营和趋势的发展，用户对产品认可和接受程度的提升，那么代表未来发展趋势的 Teams 付出的努力不会白费。

### 3.1.5　苹果的元宇宙布局

苹果的库克曾对元宇宙避而不谈。彭博新闻社记者马克·古尔曼（Mark Gurman）曾在节目中表示苹果内部不得提及"元宇宙"，甚至与之相关的内容。库克在 2021 年 9 月接受媒体采访时曾表示：

> 元宇宙和 AR 显然是两个不同的词语，我就不说这些流行词了，我们只会称之为 AR……AR 技术可以增强我们的对话，增强学习，并真正放大技术对人们的价值，而不是把现实世界封闭起来。

库克不喜欢元宇宙，却一直对 AR、VR 等技术表现出极大的期待和兴趣。苹果在 AR、VR 领域上早已布局多年，在专利方向也下了不少功夫。

苹果公司在 2022 财年第一财季的财报分析师电话会议上，透露了其元宇宙野心。在会议上，有分析师提到元宇宙相关的话题。对此库克表示，苹果是一家业务创新的公司，App Store 有超过 14000 款 AR 应用。库克随后还补充道，苹果公司已经看到了元宇宙领域的巨大潜力，在进行相关的投资。这一表态引发市场热烈反响，苹果盘后股价大涨超过 5%。

苹果计划在 2022 年或 2023 年推出一款 AR 头戴设备，并在此后推出 AR 眼镜。库克在财报发布会上表示，苹果的研发工作集中在硬件、软件和服务的交叉领域。智能手机也是元宇宙的初级装备，苹果在感知硬件和操作系统、图像引擎等传感方面具有优势。

虽然至今苹果仍然没有发布 AR 相关的硬件产品，但苹果头戴式设备专利最早可以追溯到 2006 年。近年来，苹果在 AR 领域的专利布局更趋密集，包括可识别手势和眼球指令的 3D 传感技术、渲染 AR 细致流程、注视点追踪和预测方案、混合式眼球追踪方案、视力矫正、与虚拟界面互动专利等，专利数量超过 2000 件。

近十年，苹果收购或投资与 AR 技术相关标的公司超过 20 家，其中涉及了仿生芯片、Micro LED 屏幕、传感器、可追踪定位的空间声场技术等多个领域。

此前有消息称，苹果正在与台积电（台湾积体电路制造股份有限公司）合作，布局 Micro OLED 产线。业内猜测 Micro OLED 显示器可能会用于首款苹果 AR 眼镜。

库克曾表示："AR 是一项与 iPhone 一样具有广阔前景的技术。以后的某个时间起，AR 会变成像一日三餐那样平常，会变成人们生活的一部分，就像手机一样。"

苹果公司在智能终端上有多年的积累，加上在虚拟现实、增强现实等领域多年的技术积累，相信在未来的元宇宙终端设备上也会有突出的表现。未来元宇宙终端设备数量也将在 10 亿以上规模，在这个领域，苹果很有可能再次成为终端设备的主要厂商。

### 3.1.6 亚马逊的元宇宙布局

2022 年 4 月 22 日，亚马逊宣布推出 Amazon View 新功能，该功能融合了 VR 技术，允许消费者查看商品展示在居住环境中的样子。这是亚马逊布局元宇宙的最新举措。要访问 Amazon View，买家只需打开 Amazon 应用程序，然后点击搜索栏中的相机图标，点击"在您的房间查看"并选择一个产品。通过使用 Amazon View，卖家可以在购买之前查看产品的真实效果。例如，椅子尺寸是否合适，或者咖啡桌在房间的这一侧看起来怎么样。

如今，亚马逊开始组建一支实质性的团队，或许是开启"征战模式"的第一步。亚马逊公司提供了一种 AR 购物工具，允许用户在购买前将其房间中的家具可视化。2022 年 3 月 15 日，亚马逊推出了一款在线角色扮演游戏 AWS Cloud Quest，帮助玩家培养云计算技能。用户解决云计算难题和任务，以便在穿越虚拟世界时赚取积分。

在元宇宙概念火起来后，Meta 等科技巨头已经在提供 VR 头戴设备和类似技术，并将这些技术用于电商领域。亚马逊将探索与买家联系的新方式，使购物体验更加逼真。亚马逊宣布进军元宇宙，意味着美国的四大互联网巨头都进入了元宇宙。

### 3.1.7 总结

根据 2018 年美国国会通过的《出口管制改革法案》要求，美国商务部工业与安全局将于当地时间 2018 年 11 月 19 日公布拟制定的针对关键技术和相关产品的出口管制体系框架，同时将开始对这些基础技术的出口管制面向公众征询意见。

这份新的技术出口管理提案内容相对简洁，清晰罗列了可能会影响美国国家安全的 14 类新兴和基础技术。

- 生物技术：如纳米生物学、合成生物学、基因组和基因工程、神经科学。
- 人工智能和机器学习技术：如神经网络和深度学习（脑建模、时间序列预测、分类等），进化和遗传计算（遗传算法等），强化学习；计算机视觉（物体识别、图像理解等），专家系统（决策支持系统、教学系统等），语音和音频处理（语音识别和制作等），自然语言处理（机器翻译等），规划（调度、博弈等），音频和视频处理技术（语音克隆、深度换脸等），AI 云技术，AI 芯片组。
- 定位、导航和定时技术。
- 微处理器技术：如片上系统、片上堆栈存储器。
- 先进计算技术：如内存中心逻辑。
- 数据分析技术：如可视化、自动分析算法、上下文感知计算。
- 量子信息和传感技术：如量子计算、量子加密、量子传感。
- 物流技术：如移动电力、建模与仿真、全资产可见性、物流配送系统。
- 增材制造：如 3D 打印。
- 机器人：如微型无人机和微型机器人系统、集群技术、自动装配机器人、分子机器人、机器人编译器、智能灰尘。
- 脑机接口：如神经控制接口、意识—机器接口、直接神经接口、脑—机接口。
- 高超声速空气动力学：如飞行控制算法，推进技术，热防护系统，专用材料（用于结构、传感器等）。
- 先进材料：如自适应伪装、功能性纺织品（先进的纤维和织物技术等）、生物材料。
- 先进的监控技术：如面纹和声纹技术。

在人工智能、大数据、区块链时代，中国还能依靠美国一些开源的框架，感觉与美国保持在同一个技术水平。现在这些技术对中国进行禁止出口。那么在元宇宙时代，我们只能依靠自己的科研力量独立研发。我国的人工智能、大数据、区块链、物联网、云计算、3D 引擎等技术，以及基础软件如操作系统、数据库，都相对薄弱。在元宇宙时代，我们还有很长的路要走，还有很多需要学习的地方。

## 3.2　日本元宇宙现状

日本寻求扶持元宇宙相关产业，建立新型国家优势。日本经济产业省于 2021 年 7 月发布《关于虚拟空间行业未来可能性与课题的调查报告》，将元宇宙定义为"在一个特定的虚拟空间内，各领域的生产者向消费者提供各种服务和内容"。报告认为，该行业应将用户群体扩大到一般消费者，应降低 VR 设备价格以及 VR 体验门槛，并开发高质量的 VR 内容留住用户；政府应着重防范和解决"虚拟空间"内的法律问题，并对跨国、跨平台业务法律适用等加以完善；政府应与业内人士制定行业标准和指导方针，并向全球输出此类规范。这些建议体现了日本政府对元宇宙行业布局的思考，即通过现有的发展成果尽可能在民众范围内推广元宇宙理念，同时通过指导与政策制定来规范元宇宙的建设。

日本元宇宙市场的构建正在加速。日本的加密资产（虚拟货币）兑换平台 FXCOIN 等在 2021 年 12 月中旬成立元宇宙的业界团体，即"一般社团法人日本元宇宙协会"。相关团体将与金融厅等行政机关相互配合，启动市场构建，力争使日本成为元宇宙领先国家。除 FX-COIN 和 CoinBest 等日本的虚拟货币兑换平台外，涉足电子钱包业务的Ginco 等也将加入，还将呼吁其他互联网金融公司和游戏公司等加入。

日本成立的元宇宙协会除研究世界动向外，还希望加深与行政机构的沟通，为方便日本企业在元宇宙市场展开活动而铺平道路。例如，日本的《民法》只承认实物的所有权，因此除如何处理虚拟物的所有权等法律问题外，还将梳理位于元宇宙的虚拟土地变为非同质代币（NFT）、虚拟货币被用于相关支付之际能否在虚拟货币兑换平台以外完成等与金融的接触点。

2022 年 4 月，日本成立了面向应用推进研究和规则完善的"元宇宙推进协议会"。ANA 控股和三菱商事等 20 家以上企业参与，力争在生活和商务中普及元宇宙。元宇宙被寄希望于大大改变购物和交流方式，通过使用头戴式终端等可获得仿佛置身其中的体验。

## 3.3 韩国元宇宙现状

### 3.3.1 率先成立元宇宙协会

在各国政府中，韩国政府对元宇宙反应最快，已经率先成立了元宇宙协会。2021 年 5 月 18 日，韩国信息通信产业振兴院联合 25 家机构（韩国电子通信研究院、韩国移动产业联合会等）和企业（LG、KBS 等）成立"元宇宙联盟"，旨在通过政府和企业的合作，在民间主导下构建元宇宙生态系统，在现实和虚拟的多个领域实现开放型元宇宙平台。随着韩国政府大力推动元宇宙相关项目，如今该联盟已经包括了 500 多家公司和机构，包括三星、KT（韩国电信巨头）。

公司和行业团体在此联盟中将共同分享元宇宙趋势和技术，并组成一个与元宇宙市场相关的道德和文化问题的咨询小组。该联盟还将承担联合元宇宙开发项目。韩国科学和信息通信技术部表示将向该联盟提供支持，特别是在帮助公司建立开放的元宇宙平台方面。

### 3.3.2 产业政策扶持元宇宙

在产业政策上，韩国政府希望在元宇宙产业中发挥主导作用。2020 年底，韩国科技部公布了一份《沉浸式经济发展策略》，目标是将韩国打造为全球五大 XR 经济国家。在 2021 年 7 月韩国公布的《数字化新交易 2.0》中，也能看到元宇宙与大数据、人工智能、区块链等并列为发展 5G 产业的重点项目。韩国数字新政推出数字内容产业培育支援计划，共投资 2024 亿韩元，其中 XR 内容开发、数字内容开发和 XR 产业基础共支援 760 亿韩元。

2021 年 8 月 31 日，在韩国财政部发布总共 604.4 万亿韩元的 2022 年预算中，政府计划拨出 9.3 万亿韩元用于加速数字转型和培育数字经济产业，包括元宇宙平台开发和有关数字安全的区块链技术开发等。

### 3.3.3　首尔政府实践元宇宙平台

2021 年 11 月 3 日，首尔市市长吴世勋提出"首尔愿景 2030"计划，它旨在使首尔成为一个共存的城市、全球领导者、安全的城市和未来的情感城市。为期五年的"元宇宙首尔基本计划"是其中打造未来城市愿景的一部分，该计划旨在改善公民之间的社会流动性并提高首尔市的全球竞争力。目前，首尔计划为该项目投资 39 亿韩元。

根据该计划，首尔的元宇宙生态系统主要分三个阶段进行，分别是引入（2022 年）、扩张（2023～2024 年）、定居（2025～2026 年）。

首尔计划在 2022 年第一阶段建立名为元宇宙首尔的高性能平台，并在经济、教育和旅游等领域提供服务，在年底前完成该平台的创建向公众展示。在未来，首尔市政府还会将元宇宙平台应用扩展到市政管理的所有领域，以提高政府官员的工作效率。

吴世勋市长在接受采访时曾说，如果这个项目成为现实，那么首尔市民很快就可以戴上他们的 VR 设备，与市政府官员会面，进行虚拟咨询。同样地，市政府也可以参加群众活动。

根据为期五年的"元宇宙首尔基本计划"，元宇宙平台暂定名为"元宇宙首尔"，将于 2022 年底建成。放眼全球，首尔市政府是第一个制定全面的中长期元宇宙政策计划的地方政府。根据计划，首尔市政府将陆续在元宇宙平台上提供各种商业支持设施和服务，包括虚拟市长办公室、首尔金融科技实验室、首尔投资和首尔校园城等。

该计划中，元宇宙提供的服务将涵盖经济、教育、旅游、通信、城市、行政和基础设施这 7 个基础领域。首尔市政府也专门制定了提供公共服务的政策，以通过使用先进技术开发的元宇宙平台，克服现实世界中时空限制和语言障碍等问题。

在经济领域中，首尔将在元宇宙中设立首尔金融科技实验室。其目的是在虚拟世界中提供经济领域的相关服务。首尔金融科技实验室将在元宇宙中帮助企业吸引外国投资，虚拟人物将为外国投资者提供咨询及一站式服务。

此外，谷歌为创业者设立的首尔创业营 Campus Town 中的创业公司培育业务将在元宇宙平台中进行，包括数字内容创作培训和社交活动等。

在元宇宙中最活跃的教育领域方面，首尔市政府将设立首尔开放城市大学的虚拟校园。首尔市政府运营的在线教育平台 Seoul Learn，将为青少年提供各种沉浸式内容，如讲座、导师计划和招聘会等服务。

在旅游观光方面，首尔将建设旅游景点，如光华门广场、德寿宫和南大门市场等将成为元宇宙首尔虚拟旅游的特殊区域。根据首尔市政府的介绍，游客可以乘坐城市观光巴士在元宇宙中游览。首尔的代表性节日和展览，如首尔鼓节和首尔灯节，目前因疫情无法开展，未来可以作为 3D 沉浸式内容在元宇宙平台中举行。

公共服务方面，如民诉、咨询、公共设施预订等，也将在元宇宙中为市民提供更便捷的服务，这也将提高首尔整体的数字城市水平。首尔市政府未来还将在市政厅创建一个元宇宙版本的市长办公室，并将其作为政府与居民之间的开放式沟通渠道。

首尔也计划利用虚拟现实、增强现实和扩展现实相结合的技术升级城市管理，为弱势群体提供众多服务以确保他们的安全和便利，包括使用扩展现实设备为残疾人提供安全和便利的服务。

首尔还将引入元宇宙会议来举办不同的活动，并将其作为沟通渠道。同时，首尔将利用最先进的技术开发基于元宇宙的远程工作环境。首尔市政府表示，将在虚拟空间中推出智能办公室。虚拟形象的公职人员提供咨询服务将成为现实。

首尔市元宇宙生态系统的构建目的是扩大对公共城市服务的访问。首尔将通过公共需求与私人技术的结合，开创一个名为"元宇宙首尔"的新大陆，让首尔成为一个智能、包容的城市。

韩国是元宇宙领域的"优等生"，政府的积极探索，给元宇宙在该国的发展创造了良好的政策条件。

在政府支持下，元宇宙 ETF 在韩国蓬勃发展。数据显示，仅在 2021 年 10 月，韩国就推出了四支新的专注于元宇宙的 ETF。2021 年韩国元宇宙 ETF 共吸引了约 3 亿美元的资金流入。

韩国文化产业、旅游观光产业依托元宇宙的快速发展，出现了蓬勃发展的势头，各种活动和相关商业项目层出不穷，有关元宇宙的学术研究和商业活动在近期更加活跃。

韩国政党的很多活动中，也出现了元宇宙的相关话题，比如利用虚拟空间探讨疫情防控，与民众在虚拟空间交流互动，大选候选人入驻元宇宙仪式等。

## 3.4 欧洲元宇宙现状

### 3.4.1 欧盟对元宇宙的态度

欧洲对元宇宙持高度谨慎态度。欧盟《人工智能法案》、"平台到业务"监管法规、《数字服务法案》、《数字市场法案》等说明了监管机构在处理元宇宙时可能采取的立场和倾向，包括增加透明度、尊重用户选择权、严格保护隐私、限制一些高风险应用等。这些立法预示着欧盟更关注元宇宙的监管和规则问题，试图在治理和规则上占据先发优势，进而保护欧洲内部市场。

欧洲缺乏互联网基因，没有大型的原生态互联网公司，其市场基本被美国互联网巨头占领。欧洲的诉求是加强互联网企业的监管，防范数字龙头企业利用垄断地位扼杀竞争活力，反感美国科技巨头在欧洲赚取巨额利润却仅缴纳微薄税款。

近年来，欧洲官方和社会对于在数字化和互联网方面的落后也有所反思，逐渐表现出追随的急迫感。数字化建设是本届欧盟委员会优先施政目标，欧盟委员会计划斥资 1500 亿欧元用于数字领域。欧盟委员会把 21 世纪 20 年代称为欧洲的"数字十年"，2021 年 9 月公布《通向数字十年之路》提案，以实现欧盟在 2030 年前在技术上跻身世界前列的雄伟目标。欧盟动态网评论称，这是欧洲技术重新起跑的"发令枪"。该提案确定了推动欧盟 2030 年数字化目标落地的具体机制安排。

欧盟动态网报道称，欧洲企业已经认识到，如果在这波科技革命浪潮中被甩到后面，在未来将有可能永远失去数字时代的话语权，因此现在必须要顺势而为，主动拥抱元宇宙带来的挑战和机遇。

2020 年 12 月，欧盟委员会公布了《数字服务法》和《数字市场法》两项法律的草案，这两项法案共同为包括社交媒体、在线市场和其他在线平台在内的所有数字服务提出了一套新规则。它们旨在促进整个集团的竞争，同时保护用户免受他们在网上可能遇到的许多伤害。

在元宇宙时代，预计欧盟将继续推动对虚拟世界的监管，维护欧盟市场的竞争与活力。

在 Twitter 董事会接受了埃隆·马斯克 440 亿美元的收购报价之后，欧盟加入 Mastodon 社交网络的新用户数也出现了激增。2022 年 4 月 28 日，欧盟委员会宣称已搭建名为 EU Voice 的服务器。而通过加入 Mastodon 的去中心化社交网络（又称 Fediverse），EU Voice 也将致力于推动这一私有、无广告且开源的体验。尽管仍处于早期试点阶段，该项目还是表明了欧盟试图支持可与 Twitter、Facebook、YouTube 等主流社交媒体平台不相上下的私有且开源体验的立场。

### 3.4.2　法国对元宇宙的态度

为得到关于元宇宙更综合的认知，法国数据研究机构 Ifop 和科创转型顾问公司 Talan 联合进行了一项题为《法国人与元宇宙》的调查，以了解法国人对元宇宙的态度。

Ifop 以线上问卷的形式，对 1022 名 18 岁及以上的法国人进行了询问。同时，通过控制人群的性别、年龄、职业和地区分布来确保调查结果的代表性。2022 年 1 月，Talan 发布了调查结果：

> 在 18 至 49 岁的受调查者中，41% 的人听说过元宇宙；60% 的受调查者认为，元宇宙首先是一种消遣工具；54% 的受调查者认为，元宇宙是逃避现实的方式；58% 的受调查者认为，博物馆在元宇宙中应该被优先建设。

即便从中可以窥见法国人对文化与艺术的热情，但此次的调查结果也在一定程度上反映出法国人对元宇宙的兴致并不高昂。另一组调查结果则更不乐观：

> 在所有受调查者中，75% 的人对元宇宙有所恐惧；80% 的人不认为元宇宙所代表的虚拟世界能降低现实世界中的碳排放量；74% 的人对 Facebook 创建和运营元宇宙不抱信心；而仅有 15% 的人愿意让自己的 Facebook 账号和元宇宙中的虚拟形象联系在一起。

这部分结论反映了一个显著的思潮：Meta 并未得到法国民众足够的信任。而这种现象的存在可谓事出有因——人们对 Meta 的前身，即 Facebook 在用户信息保护方面的作为缺乏信心。

当元宇宙在 2021 年乘风而起，并在全球迅速散布影响力时，马克龙选择将元宇宙放入自己的竞选纲领，想必也是对元宇宙在未来的经济和科技领域可能占有的重要位置深有领会。

2022 年 3 月，马克龙在一次介绍其竞选纲领的活动中提道"将为建设欧洲的元宇宙而战"。这句雄心勃勃的口号某种程度上体现着马克龙的决心。

与《费加罗报》相当冷静地将元宇宙称为"来自硅谷的流行行话"不同，马克龙表示，建设欧洲的元宇宙是一个"关键的问题"，无论是对创造行为本身，还是对法国的创造能力，都十分重要。

马克龙认为，在元宇宙领域法国不应依赖于盎格鲁 - 撒克逊人和中国人。

### 3.4.3　英国对元宇宙的态度

2022 年 2 月 7 日，英国《金融时报》报道，Meta、微软等公司创建的虚拟世界将受制于即将出台的英国网络安全法案，这些科技巨头或面临数十亿英镑的潜在罚款。为即将出台的《网络安全法案》提供支持的专家表示，元宇宙将受到严格的监管，使虚拟世界背后的科技巨头可能面临数十亿英镑的潜在罚款。

这一警告得到了英国政府的支持。不久前，前身为 Facebook 的 Meta 公司在一份证券备案文件中向投资者指出，其元宇宙战略面临潜在的监管风险。Meta 已经花费 100 亿美元建立其尚未盈利的增强现实部门，寻求创建一个充满化身的虚拟世界。

### 3.4.4　德国对元宇宙的态度

德国媒体认为，"元宇宙"是一个由扎克伯格提出来的概念，目前还没有清晰的定义。如果顺着 5G 互联网应用来思索，元宇宙本质就是关于通过软件将虚拟与现实结合的一场计算机应用革命。第一，它是 5G 时代"杀手级"软件应用程序；第二，它通过虚拟与现实结合，实现人工智能产业革命；第三，它是建立在千禧年初 3D 在线虚拟空间"第二人生世界"基础之上，通过虚拟联动（控制）现实的一次互联网应用的飞跃。目前，可能实现的项目包括通过线上驾驶控制实体车辆运行、元宇宙音乐厅、线上购物虚拟试穿等。德国媒体认为，人机共生的时代已经来临，中国将其视为"人工智能的沃土"，中国软件应用开发商现在可能迎来"10 年黄金期"。由于中国拥有很好的互联网创新公司、硬件开发商和国家投资，因此中国对未来互联网有着雄心勃勃的计划，并希望在该领域制定全球标准。

### 3.4.5　俄罗斯对元宇宙的态度

在俄罗斯现任总统普京看来，元宇宙的价值在于，让人们不论相距多远，都可以一起交流、工作、学习、落实联合创新项目和商业项目，而不是人们从不完美的现实世界逃离的目的地。普京已经为元宇宙的发展指明了方向，并表达了直面挑战的决心，给元宇宙在该国的发展提供了较大的想象空间。

在他看来，为了让元宇宙发挥应有的价值，必须要规范这个"全新世界"的经济和社会关系。对法律学家来说，这是真正的挑战。个人在网络空间的安全，以及个人在元宇宙的虚拟化身的安全，需要法律的保护。

## 3.5　中国元宇宙现状

### 3.5.1　腾讯的元宇宙布局

腾讯是国内最受益于元宇宙概念的互联网公司，目前的布局恰好切中了早期元宇宙发展阶段的重点。从底层技术如游戏开发引擎 UE、云服务、大数据中心,到中层的各类型内容产品和成熟的社交网络互通生态,再到上层组织管理对 PCG 部门的战略调整,腾讯都具备了布局元宇宙的优越条件。同时,腾讯对外投资的布局涉及了互联网虚拟世界的方方面面,包括电商、社交、直播、本地生活等。

(1) 元宇宙是腾讯的大布局战略之一

2019 年 2 月,Roblox 与腾讯共同出资成立了一家合营公司"罗布",Roblox 持股 51%,腾讯持股 49%,并计划上线中国版的 Roblox 平台《罗布乐思》。Roblox 主要提供《罗布乐思》底层技术开发、平台内容,腾讯则负责中国地区的发行营销等。彼时该合营公司主要推进游戏开发生态的培养,向中国青少年传授编码基础、游戏设计等技能,举行高校游戏创意比赛等,扶持优秀的开发者和作品。2020 年初,Roblox 完成了 1.5 亿美元的 G 轮融资,腾讯参投。

通过近两年的开发者生态培育,2020 年 12 月,中国版 Roblox 平台《罗布乐思》获得了版号,并已经在 2021 年 7 月 13 日正式上线,游戏上线第一天冲入 iOS 游戏免费榜第一名,第二天排名第三。

平台内部游戏基本是 Roblox 的"国服"版本,做了本地化的移植开发,可选择游戏类型较多,但大部分为低龄向的模拟经营、冒险、休闲社交等。玩家可以在平台商店购买物品装扮角色,也可以在游戏内购买道具;人民币与平台通用的虚拟货币"罗宝"的兑换为 1 元 = 10 罗宝,大量购买能有折扣。目前平台尚未开放创作 UGC 内容的 Studio,并且玩家之间也不能使用罗宝交易。

腾讯代理发行的《罗布乐思》,在定位上是集体验、开发于一体的多人在线 3D 创意社区,让用户能够尽情创作内容,并在虚拟社区中与伙伴一同体验交流,共同成长。而字节跳动投资的代码乾坤的主要作品为《重启世界》,将创造内容、娱乐体验、社交互动融为一体,是一个青少年创造、娱乐、社交平台。

《罗布乐思》在 2021 年 7 月登陆国内。一个多月后，字节跳动投资的《重启世界》于 8 月 24 日上线，免费游戏榜最高达到第 20 名。

无论是定位还是发行时间，双方都十分巧合。但实际上，这巧合的背后，是双方在行业称为"元宇宙元年"的 2021 年提早布局。

元宇宙最吸引人的一点在于它把现实世界的运行逻辑引入了数字世界，通过社交互动，让大家感受到了一种介于现实和虚幻之间的特殊体验，而游戏作为一个载体，能够高度还原一个接近现实的虚拟场景。字节跳动和腾讯都相中这类游戏，也正是因为此。

除此之外，这类游戏中所提供的游戏都由其用户制作。在《罗布乐思》内，乐趣不仅来自玩游戏，还源于做游戏。许多游戏的开发都与 Roblox 公司无关，而是由平台用户开发而成。目前，《罗布乐思》的官网骄傲地表示，其用户已经创作了超过两千万款游戏。

除游戏外，社交同样是一个重要的角力场。腾讯投资的 Soul，就主打"年轻人的社交元宇宙"标签，按照其定义，用户通过完成 30 秒的"灵魂鉴定"就能找到与自己兴趣相投的同龄人，自由表达和认知世界，建立属于自己的"社交元宇宙"。

此外，腾讯自研的"厘米秀"，实际上也可以看作一个低配版的社交元宇宙，目前已经应用到 QQ 上，作为用户之间虚拟社交的一种方式。从目前来看，腾讯和字节跳动在元宇宙的交锋上，仍处于一个各自发展和筹谋的阶段。

（2）腾讯布局的逻辑

腾讯和字节跳动相继投入元宇宙赛道中，其背后的逻辑并不完全相同。腾讯一向以嗅觉敏锐著称，马化腾在内部刊物《三观》中写道："一个令人兴奋的机会正在到来，移动互联网十年发展，即将迎来下一波升级，我们称之为全真互联网。"

有业内人士认为，全真互联网是元宇宙的最终形态，入局元宇宙，可以拿到通往下一个互联网时代的"船票"。对于已经拥有游戏和社交两大王牌的腾讯，自然不想错过。但从目前的情况看，腾讯仍然还是以投资的方式去试探这一全新的领域，有点像当年先投资拳头公司，最后再进行收购。字节跳动恰恰相反，为了追赶腾讯，选择了从收购到自研的 All in 打法。

腾讯在社交、游戏和影业直播等领域的多年布局，使其形成了相对完整的版图。国外媒体曾制作过 "Tencent's Metaverse"（腾讯元宇宙）完整产业图。其中不仅有英雄联盟等游戏，也有拼多多、美团等电商购物平台。

腾讯的元宇宙布局虽然全面，但在最体现"元宇宙"概念的领域，还略有不足，所以腾讯积极收购那些比较纯粹的"元宇宙企业"。

例如，2020 年 2 月 Roblox 1.5 亿美元 G 轮融资中，腾讯就已经参投，并独家代理 Roblox 中国区产品发行。更早之前，腾讯收购 Epic 40% 股份。旗下拥有《堡垒之夜》等游戏的 Epic 公司，在 2022 年 4 月获得 20 亿美元融资，主要用于开发元宇宙。甚至还曾与字节跳动竞价 VR 公司 Pico 的收购，只是最终未能如愿。

腾讯 2021 年第一季度业绩会上宣布开启新一轮投资周期，游戏方面包括加大对跨平台、长生命周期的游戏大作的投资和对元宇宙的投资。元宇宙早期形态是 UGC 游戏＋社交，终极形态是现实世界的完全映射。我们参考 Roblox 发展的成功经验，腾讯的业务布局恰好切中了早期元宇宙发展阶段的重点，即社交＋游戏＋内容。另外，腾讯的云服务、金融支付和广告业务等各方面都有望获益。

### 3.5.2　字节跳动的元宇宙布局

字节跳动已经建立起庞大的内容运营体系，这一点与元宇宙的内容生产较为类似。但这些内容目前都是基于文本、视频、声音的，基于元宇宙的概念，将信息的呈现从二维升级成三维，让用户在虚拟世界中体验信息带来的真实感，身临其境，是字节跳动在元宇宙大战中要做的事情。

（1）内容运营的元宇宙

字节跳动想要凭借自身的社交、内容、全球化优势，将 Tiktok、飞书（Lark）应用到下一代颠覆手机的终端设备中，去构建属于自己的"元宇宙"。

（2）技术与产品支撑

字节跳动也在积极探索元宇宙所需要的技术储备，在自然语言处理、机器学习、计算机图形学、增强现实、安全与隐私、计算机视觉、数据挖掘、系统与网络、语音与音频等技术领域做持续技术积累、创新。此外，投资收购元宇宙基础设施公司也是不遗余力。

2021 年 4 月，字节跳动投资代码乾坤。代码乾坤成立于 2018 年，公司产品有青少年创造和社交 UGC 平台《重启世界》。《重启世界》被外界称为"游戏界抖音"。据公开信息，《重启世界》基于代码乾坤自主研发的互动物理引擎技术系统而开发，由具备高自由度的创造平台及高参与度的年轻人社交平台两部分组成，致力于满足用户的游戏娱乐体验。在游戏中，玩家可以使用多种基础模块，或变形或拼接制作样式各异的角色、物品及场景，而组装好的素材可以获得与真实世界相似的物理特性。这些技术正是字节跳动构建自己内容运营元宇宙所需要的。

2021 年 11 月，字节跳动投资众趣科技，众趣科技是一家 VR 数字孪生（数字孪生指的是通过数据手段模拟克隆一定范围内的物理世界中的物体）云服务商，专门做 3D 实景重建，可以通过用一个普通的第三方全景相机拍摄，云端搭建 3D 空间模型，为字节跳动提供最基本的空间数据，为其打造自己的"元宇宙"提供最基础设施。

2021 年 8 月底，字节跳动以溢价近 9 倍、15 亿美元的价格收购 VR 软硬件制造商 Pico。Pico 已囊括 300 余项已授权专利，范围涵盖图像、声学、光学、硬件与结构设计、操作系统底层优化、空间定位与动作追踪等 VR 核心技术领域。Pico 还有 650 余项已受理的专利。字节跳动曾对外表示，收购 Pico 后将支持其在 VR/AR 领域的长期投资，吸纳 Pico 的软件、硬件以及人才和专业知识的优势，并逐步深化在元宇宙领域的长期投资。

对于字节跳动收购 Pico 对行业带来的影响，海比研究院的资深研究员李进宝认为，字节跳动的互联网基因和社交属性（尤其是抖音）与元宇宙非常契合。借此优势再结合 Pico 的硬件优势，通过软件应用推动硬件的发展，硬件的迭代升级可以使更多的应用程序功能成为可能。推动虚拟现实软硬件相互促进发展，打通硬件、软件、内容、应用和服务的虚拟现实全产业链环节，有望打造具有竞争力的软硬一体的完整 VR/AR 生态系统甚至是最终的元宇宙生态。

字节跳动 2021 年 9 月在海外（东南亚地区）上线了一款名为"Pixsoul"的产品，主打 AI 捏脸功能。字节跳动上线 Pixsoul 看中的是捏脸带来的社交可能性，这可能是字节跳动切入元宇宙赛道的另一种方式。从公开披露的产品细节来看，Pixsoul 目前提供两个高清特效，其中之一便是 Avatar（虚拟化身）。Avatar 能将用户的照片转变为相应的 3D 形象，也可塑造电子游戏中的虚拟角色。

（3）字节跳动的元宇宙愿景

随着元宇宙大战愈演愈烈，字节跳动发挥自身流量、内容运营优势，逐步打造自身基于内容运营的"元宇宙"。除了积极发挥自身内容精准推送的技术优势外，字节跳动还在积极投资、部署元宇宙所需要的数据基础设施和硬件设施。在收购 Pico 之后，字节跳动已打通设备—内容—平台的生态闭环，未来有望成为中国版的"Facebook 并购 Oculus"，字节跳动在元宇宙领域的积极部署、尝试和切入，足见其打造符合自身需求元宇宙的决心。

### 3.5.3  官方的元宇宙态度

元宇宙是一个新事物，中国政府目前并没有官方的明确政策。中国对待新事物，尤其是科技新事物向来较为宽容，愿意提供一定的便利和空间，让新事物先自由生长。

（1）我国对于科技新事物较为宽容

如果新事物有利于国计民生，那么政府后续的支持力度会加大。例如，21世纪初电子商务刚刚出现的时候，中国政府在很多方面为电子商务的发展提供便利，如减免电子商务的税收等。随着电子商务的发展，事实证明其确实有利于国计民生，有利于就业、创业。于是，中国为电子商务的发展提供更多便利，并于2019年通过了电子商务法。

如果所谓的新事物披着华丽外衣却干着违法勾当，中国政府会将其逐步取缔。例如，互联网金融在2013年左右刚刚兴起的时候，中国政府对其寄予厚望，将互联网金融看作解决中小企业融资难、融资贵的一个有效途径，将互联网金融看作金融创新，甚至在2013年、2014年、2015年、2016年、2017年的政府工作报告中，多次提到互联网金融的重要性。但是随着互联网金融平台（P2P平台）的不断爆雷，人们逐渐发现所谓的互联网金融，无非民间融资、民间集资的网络翻版，甚至沦为金融传销、击鼓传花的庞氏骗局、非法融资、非法集资、集资诈骗，通过网络的加持放大，其危害性更大。P2P严重影响我国的金融安全，造成了大量的金融难民，产生了很大的社会不稳定因素，于是在2020年我国开始对P2P平台叫停清退。

（2）防止恶意炒作

即便是简单的炒作概念，我国一般也不会一概否定。新事物刚刚出现的时候，通常是不够完美的，多多少少有些缺点，新生事物的发展，需要一个过程。一些概念本身开始的时候不够清晰，甚至没有太多实用价值，但是这些概念本身就是一道"石头汤"，吸引大量的资本、技术融入其中，产生一些有价值的东西。例如，"云计算"刚刚出现的时候，很多人质疑：这不就是分布式计算吗？但是随着资本、技术的加持，"云计算"得以迅猛发展，目前已经完全脱离分布式计算的范畴，有了自身独立的技术体系、应用场景。

但是应该警惕的是，无良资本的投机和恶意炒作，很容易造成严重的金融风险，产生大量的社会不稳定因素。例如，很多人炒作比特币等虚拟货币，发行大量无成本的空气币，高价卖出牟利，甚至私自建设大量的虚拟货币炒作平台，模仿股票 IPO 进行虚拟货币的 ICO，坑害了大量的投资者。这不是投资，这是披着大数据、云计算、人工智能外衣的网络赌博、网络诈骗、庞氏骗局、金融传销，让很多家庭倾家荡产，造成社会动荡隐患，应该坚决封杀。

毋庸置疑，或许大量嗜血的无良资本，早已紧紧盯上了元宇宙概念，认为元宇宙有炒作价值，认为元宇宙是资本炒作新的风口，所以各路资本不遗余力地为元宇宙大力宣传，开始传统而简单的炒作套路：大量资本进入→宣传造势→吸引更多的资本进入→水涨船高→抽身退出，赚得盆满钵满时即落袋为安。

对于元宇宙可能引发的风险和隐患，我国在监管层面也已给予高度重视。例如，在区块链应用范畴中，具备高风险的虚拟货币，便是严厉禁止的对象，并已全面采取清退境外的各种交易所、断开支付端口接入等强力措施。在元宇宙中，对于炒作和虚假宣传同样要严格控制和监管。在国内多个元宇宙概念股多次涨停时，深交所、上交所等频频发送关注函，审查相关企业是否在进行概念炒作。各大主流官方媒体也多次提醒投资者谨慎投资，把控风险。

2021 年 11 月 17 日，微信公众号"人民日报评论"发表《万物皆可"元宇宙"？》。文章提到如下观点：

关于元宇宙的讨论仍在继续，有人充满乐观与向往，也有不少怀疑的声音。是镜花水月还是触摸得到的未来，是资本炒作还是新的赛道，是新瓶装旧酒还是科技新突破，下结论前不妨"让子弹飞一会儿"。不过可以明确的是，一些新概念承载着人们对技术发展的信心，以及对未来美好生活的期待。推动新概念及其产业逐步走向成熟需要时间，通向令人神往的科技未来需要脚踏实地、打好发展地基。正如不论虚拟现实、增强现实还是混合现实，中心词都是"现实"，这也预示着离开了现实的支撑，终归是海市蜃楼无本之木。"基础不牢地动山摇"，这样的道理不论在真实宇宙还是元宇宙，应该都是适用的。

2021年12月23日，中央纪委国家监委网站刊文《元宇宙如何改写人类社会生活》。文章认为：世界上没有叫作"元宇宙"的单一技术，元宇宙是现有各种技术的组合和升级，可以理解为"3D版的互联网"。应理性看待元宇宙带来的新一轮技术革命和对社会的影响。现有市场对于元宇宙的疑虑主要来自技术实现的硬件条件、网络环境等尚不成熟与匹配，构建终极元宇宙的关键技术如算力、平台、网络建设等仍需要较长时间完善。目前部分公司炒作元宇宙概念与真实的元宇宙有较大差异，需要去伪存真、谨慎判断。在业界看来，元宇宙较长一段时间内都将成为下一代互联网发展的目标，这有赖于底层技术和算力层面出现的核心技术突破、技术演进与变化。

2022年1月24日，工业和信息化部举行新闻发布会，介绍支持中小企业发展相关工作情况。工业和信息化部中小企业局局长梁志峰指出，将支持发展数字经济。抢抓国家推进新基建、大力发展数字经济的大好机遇，通过"创客中国"创新创业大赛等多种方式，引导和支持中小企业加快推进数字产业化和产业数字化的进程，培育一批数字产业化专精特新中小企业，特别要注重培育一批深耕专业领域工业互联网、工业软件、网络与数据安全、智能传感器等方面的"小巨人"企业，培育一批进军元宇宙、区块链、人工智能等新兴领域的创新型中小企业。

2022年3月，国家发改委发布《"十四五"数字经济发展规划》，规划指出：创新发展"云生活"服务，深化人工智能、虚拟现实、8K 高清视频等技术的融合，拓展社交、购物、娱乐、展览等领域的应用，促进生活消费品质升级。

2022 年 1 月，央行发布《金融科技发展规划（2022—2025 年）》提出：搭建多元融通的服务渠道。以线下为基础，依托 5G 高带宽、低延迟特性将增强现实、混合现实等视觉技术与银行场景深度融合，推动实体网点向多模态、沉浸式、交互型智慧网点升级。

### 3.5.4　各地政府的元宇宙相关政策

虽然我国目前还没有国家层面的元宇宙政策出台，但是许多地方政府已经出台元宇宙相关的扶持政策。

（1）上海市相关政策

《上海市电子信息产业发展"十四五"规划》提出：加强元宇宙底层核心技术基础能力的前瞻研发，推进深化感知交互的新型终端研制和系统化的虚拟内容建设，探索行业应用。

新一代信息技术融合应用，围绕人工智能＋大数据、云计算＋边缘计算、5G＋扩展现实、区块链＋量子技术、云边端协同、数字孪生＋数据中台等方面，推进技术协同攻关、标准规范制定和平台建设、应用创新等。

（2）浙江省相关政策

《关于浙江省未来产业先导区建设的指导意见》指出：力争到 2023 年，在人工智能、区块链、第三代半导体、空天一体化、新能源、前沿新材料等优势领域建设一批未来产业先导区，积极创建国家级未来产业先导试验（示范）区；到 2025 年，颠覆创新力量显著增强、科创高地建设取得实效、未来产业体系构建完善，培育一批具有国际影响力的未来产业发展平台和龙头骨干企业，打造 30 个左右特色鲜明、引领发展的未来产业先导区，成为浙江省未来技术创新策源地、创新成果转化试验地、未来场景应用引领地、未来产业发展集聚地。

（3）武汉市政府工作报告

武汉市政府工作报告中提出：武汉要加快壮大数字产业，推动元宇宙、大数据、云计算、区块链、地理空间信息、量子科技等与实体经济融合，建设国家新一代人工智能创新发展试验区，打造小米科技园等5个数字经济产业园。

（4）合肥市政府工作报告

合肥市政府工作报告提出：合肥将前瞻布局未来产业，瞄准元宇宙、超导技术、精准医疗等前沿领域，打造一批领航企业、尖端技术、高端产品，用未来产业赢得城市未来。

（5）无锡市滨湖区：《太湖湾科创带引领区元宇宙生态产业发展规划》

《太湖湾科创带引领区元宇宙生态产业发展规划》明确，要注重空间布局和产业推进相结合，整体规划、系统推进产业集聚、人才引育、生态发展和应用场景等工作；注重应用引领和场景驱动相融合，围绕滨湖区产业发展需求和智慧城市建设的新场景，发挥试点示范作用，推动元宇宙技术在多领域深度应用；注重协同发展和一体发展相整合，推动元宇宙产业上下游各环节、各主体协同发展，加快元宇宙与集成电路、区块链、人工智能、云计算等技术融合创新发展。

到2025年，滨湖将通过元宇宙生态产业集聚发展、关键技术创新发展、专利标准引领发展、应用示范跃迁发展、专业人才梯次发展等手段，打造长三角元宇宙技术创新高地、生态产业发展高峰、人才集聚高原，基本形成技术引领、企业集聚、示范应用、标准完备的元宇宙产业生态，成为国内元宇宙产业发展的典范，打造元宇宙的"滨湖名片"。

（6）北京市通州区：《关于加快北京城市副中心元宇宙创新引领发展若干措施的通知》

《关于加快北京城市副中心元宇宙创新引领发展若干措施的通知》

提出：对在元宇宙应用创新中心新注册并租赁自用办公场地的重点企业进行 50%、70%、100% 三档补贴；在内容设计上，突出元宇宙与文化旅游融合发展的特色；在产业空间上，规划"1 个创新中心 + N 个特色主题园区"的元宇宙产业空间布局；在应用场景上，瞄准数字赋能、文化科技融合领域，"打造实数融合的文旅新场景"，为企业提供技术展示创造空间。

（7）广州市黄埔区相关规定

广州市黄埔区发布《广州市黄埔区、广州开发区促进元宇宙创新发展办法》（"元宇宙 10 条"）。该政策是粤港澳大湾区首个元宇宙专项扶持政策，聚焦数字孪生、人机交互、AR/VR/MR（虚拟现实/增强现实/混合现实）等多个领域，将推动元宇宙相关技术、管理、商业模式的产业化与规模化应用，培育产业新业态、新模式。

"元宇宙 10 条"扶持范围涵盖技术创新、应用示范、知识产权保护、人才引流、交流合作、基金支持等十个方面，重点培育工业元宇宙、数字虚拟人、数字艺术品交易等体现元宇宙发展趋势的领域，以期抢占互联网下一个"风口"，为推动数字经济高质量发展集聚发展新势能。

（8）其他省市相关元宇宙政策

2022 年 3 月 21 日，厦门市工业和信息化局、厦门市大数据管理局联合发布《厦门市元宇宙产业发展三年行动计划（2022—2024 年）》。

2022 年 3 月 21 日，山东省工业和信息化厅等七部门联合发布《山东省推动虚拟现实产业高质量发展三年行动计划（2022—2024 年）》。

2022 年 3 月 29 日，杭州市余杭区未来科技城发布扩展现实（XR）产业发展计划。

第 *4* 章

# 如何发展元宇宙产业？

元宇宙是众多现代信息科技的集大成者，是虚拟现实、人工智能、区块链、大数据、数字孪生等技术的集成创新，是当前大国角逐的战场。如何发展元宇宙产业，在元宇宙大变革浪潮中立于不败之地，是各国都在思考的问题。

## 4.1　我国元宇宙产业现状

元宇宙产业发展水平与技术发展水平息息相关，我国元宇宙产业现状与技术现状非常类似，都呈现一个明显的沙漏型。

### 4.1.1　我国元宇宙产业的优势

经过近 30 年的发展，中国的互联网基础设施已经做得非常不错，技术水平和服务能力都很强。

我国在互联网核心骨干网络的建设方面走在世界前列。我国的 5G 网络是世界上做得最好的，技术也是最先进的。阿里云的技术实力、服务水平、营收能力在世界上能够排到第三。这些基础设施将为元宇宙的发展提供良好的基础。

在互联网年代，中国在终端应用层做到了世界领先，高铁、支付宝、电商、共享单车成为我国信息时代的"新四大发明"。与互联网相关的终端应用，如共享单车、移动支付、电子商务、移动社交……我国都是世界上最先进的。我们也有理由相信，在元宇宙时代，我国的上层应用也肯定会领先于世界，我国庞大的人口、巨大的市场、多样的文化氛围都将支撑上层应用的发展。

### 4.1.2　我国元宇宙产业的薄弱环节

中间各层的技术和产业，我国做得都一般，甚至很薄弱。例如，我国的虚拟现实产业发展不尽如人意。字节跳动收购虚拟设备生产厂商 Pico，拿到进入元宇宙的"船票"。但从世界范围来看，Pico 与 Facebook 的 Quest 2、微软的 HoloLens 还不在同一个量级上。Quest 2 占有世界 75% 以上的头显市场。苹果目前也在虚拟现实、增强现实等领域积极布局。未来，苹果的 VR/AR 终端设备（如眼镜或头显）上市，我们与国外同行的差距会更大。

我国的基础软件一直非常薄弱,目前在操作系统领域几乎没有建树,原生的国产操作系统几乎空白。国产数据库系统虽然有几家,但是做得不温不火,没有形成强大的品牌。我国至今没有发展编译系统产业。我国的网络安全形势也非常严峻,遭受的网络攻击越来越频繁。

在内容创作平台方面,我国市场一直被国外企业占据。国内 75%以上的企业基采用 Unity,还有很大一部分用户使用 Unreal Engine。我国的游戏引擎虽然品牌非常多,但做得都不够强大,许多企业还是采用 Unreal Engine。

我国区块链技术和产业在 2016 至 2017 年发展势头非常猛,本来有希望成为世界上区块链研究和产业发展的中流砥柱,但是由于区块链产业早期监管滞后,随后又出现史上最严厉的监管,最终导致了我国区块链未能形成良性产业。拔出萝卜带出泥,区块链技术也跟着受到很大冲击。目前,我国的区块链技术和产业都非常薄弱。美国也禁止向中国出口区块链相关技术。

在人工智能时代,国内大力发展了人工智能的应用研究,对人工智能的基础理论、模型算法等核心技术研究不够。2018 年,美国开始禁止向中国出口人工智能相关技术,对我国的人工智能行业造成很大冲击。很多人曾经天真地认为,拿到美国的各种开源人工智能框架,调一调参数,我国的人工智能水平就可以和美国处于同一水准,现在这一切都成为泡影。

### 4.1.3 我国元宇宙产业生态地图

元宇宙是下一代互联网发展的新形态,体现为"3D 时空互联网"。元宇宙将在现有互联网基础上演化升级而来,尤其是网络技术、平台技术中通用的部分,将复用现有互联网的基础。元宇宙的创新主

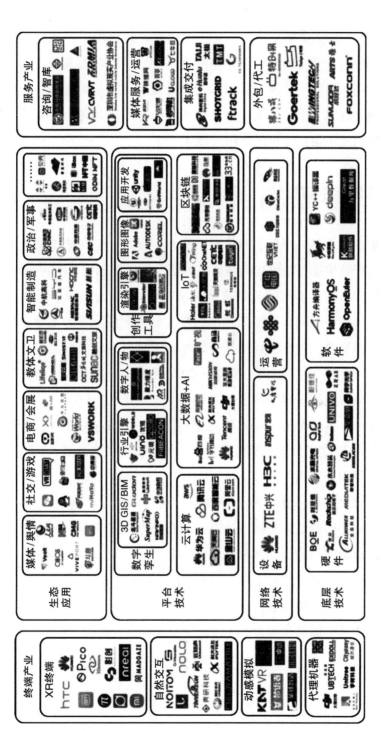

图 4 - 1　元宇宙产业生态地图

要体现在3D沉浸式交互特性，从产业角度看，技术产业化主要体现在终端、应用、平台服务以及相应的底层技术、配套服务等方面。立足中国市场，尽量不涉及国外技术及服务供应商，从终端产业、底层技术、网络技术、平台技术、服务产业、生态应用等各个层级，我们整理了我国元宇宙产业生态地图（图4-1）。

## 4.2 波尔元宇宙指数

元宇宙技术是一个分层的框架，而元宇宙产业是一个生态。关于元宇宙的产业生态，最早做定量研究的是马修·鲍尔（Matthew Ball）。他是美国知名的早期风险投资基金 EpyllionCo 的管理合伙人，同时也是企业家和创业顾问。他把元宇宙的产业分为七层：算力基础、网络连接、虚拟平台、融合工具和交换标准、支付服务、内容服务与资产保护、硬件生产。复旦大学《2021—2022元宇宙年度报告》对元宇宙产业七层划分进行了详细描述（图4-2）。

Roundhill Ball Metaverse ETF 是世界上第一个元宇宙 ETF，资产管理规模约 5.73 亿美元。它充分关注整个元宇宙领域的发展，从基础设施建设、界面开发到内容创作等无所不包，共涵盖50家上市公司，其中提供云解决方案、游戏平台和计算元件的公司占近70%，包括英伟达、微软和中国游戏巨头腾讯。Roundhill 还推出了全球第一个用于跟踪元宇宙性能的指数——波尔元宇宙指数（Ball Metaverse Index）。该指数由积极参与元宇宙的全球上市公司的分层权重组成。

参考波尔元宇宙指数，也可以制定我国的元宇宙产业发展指标体系，用于衡量全国及各省市的元宇宙发展水平。

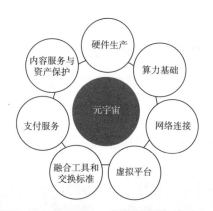

### 算力基础（computing）

例如边缘计算

云计算（Cloud Computing），有着最多的计算机资源，适合完成对计算资源要求极高的应用，例如训练一个图像识别的神经网络，但云计算中心往往位于边缘地区，计算反应的延时较长。

边缘计算（Edge Computing），由云计算（Cloud Computing）衍生出来的一个概念。边缘计算有着略少的计算资源，常常位于用户所处位置的周边，适合完成时延极短的应用，例如用刚训练好的模型来识别眼前看到的人是谁。

### 网络连接（networking）

为消费者提供实时连接、高速带宽和数据服务的公司。

### 虚拟平台（virtual platforms）

开发和运营沉浸式数字和三维模拟、环境和空间的公司，用户和企业可以在其中探索、创建、社交和参与各种体验。

### 交换标准（interchange standards）

构建各种工具、协议、格式、服务和引擎的公司，这些工具、协议、格式、服务和引擎被用作互操作性（interoperability）的实际或事实上的标准，并支持对元宇宙的创建、操作和持续改进。

### 内容、资产和身份服务
### （content，assets and identity services）

提供与用户数据和身份相关的数字资产（例如虚拟商品和货币）的设计 / 创建、销售、转售、存储、安全保护和财务管理服务的公司。

### 支付服务（payment）

支持数字支付流程和操作，包括纯数字货币和金融服务的法定入口。

例如 NFT（Non-Fungible Tokens，不可同质化代币）。NFT 具有去中心化、不可替代和"加密"之特征。和比特币（BTC）及以太币（ETH）等主流加密货币不同，每个 NFT 代币都是不可替代和不可分割的。这意味着用户用它来标示对象，如博物馆里的蒙娜丽莎原画或一块土地，能保证对它的绝对所有权。例如，某用户购买了一件有 NFT 标示的艺术品，该 NFT 虽然可以被他人复制，但只有该用户是它的实际拥有者。导致 NFT 受到拥趸的最大原因在于全球虚拟空间的数字财产数量激增，2020 年已达到 100 亿美元，但这些财产很容易受到相关平台的控制，因此去中心化、不可替代和加密的代币便成为财产保值手段。

### 硬件生产（hardware）

生活和销售用于访问、交互或开发元宇宙的物理技术和设备的公司。

高密度显示屏、多点触控屏幕、VR 头盔、3D 摄像机、列阵式麦克风（比一般麦克风能更精确地定位声源）、环绕空间音箱、触感技术、控制手套和其他可穿戴设备。

2019 年，Facebook Reality Lab 公开了一项名为 Codec Avatars 的技术，可以通过机器收集、学习和重建人类社交表情。

**图 4 - 2 元宇宙产业划分**

## 4.3 元宇宙的主要产业应用场景

### 4.3.1 游戏

元宇宙为公众所熟知，是由于游戏公司 Roblox 在美国纽交所上市，并取得良好的资本表现。游戏，短期将通过培养稳定用户生态，帮助元宇宙游戏公司平台化发展，同时为元宇宙社交培养用户群体，进而延展到教育、会议、媒体领域。

游戏也是元宇宙价值的主要体现。人们都希望通过元宇宙的沉浸式效果体验不同的人生，延展生命的价值。

### 4.3.2 社交

以前的通信和交流，曾经用电报、电话、网络聊天室、QQ、微信等工具。这些都是离身传播。元宇宙时代，将让亲身传播再次回归社交。微信的视频电话已经可以实时看到视频、听到声音了，缺少的是沉浸式体验，而这就是元宇宙社交要解决的问题。元宇宙的社交将实现交流的沉浸式体验，达到亲身传播一样的效果，一般把这称为具身传播。

元宇宙社交主要有两种形式。第一种叫作遥现（telepresence），又称为远程呈现，是一种虚拟实在，能够使人实时地以远程的方式于某处出场，即虚拟出场。此时，出场相当于"在场"，即能够在现场之外实时地感知现场，并有效地进行某种操作。例如，现在我本人在北京，湖南有一个会需要我参加。我通过元宇宙的沉浸式效果到了湖南会场，湖南会场也能在会议现场看到我出席会议，这就是遥现。另外一种叫作遥传（Teleport），也称为远距离投送，是指将一个人或事物从物理空间甲瞬间转移到物理空间乙。由于人们在元宇宙中都是以虚拟人的形式出现，实现遥现和遥传都很容易理解。

也会有很多现实生活中的社交场景被搬到元宇宙。例如，会议、沙龙、演唱会等，这些都可能是未来元宇宙社交的具体形式。

### 4.3.3 电子商务

电子商务是许多企业实现商业价值的最终模式。在传统互联网时代，电子商务的竞争是互联网竞争的制高点。在未来，元宇宙的电子商务也将是各企业竞争的制高点。

元宇宙的很多雏形都是从电子商务开始的，如虚拟试衣。现在线下的实体超市、便利店、商场都有可能会在元宇宙中呈现。通过元宇宙的沉浸感，实现线上的虚拟空间满足人们线下的购物体验。

电商可能是未来元宇宙竞争的主要战场。现在许多直播带货的平台也开始转型，采用虚拟人来直播带货。虚拟人带货有三个优势。第一，虚拟人可以一年 365 天，每天 24 小时连续不断地直播。第二，虚拟人的人设很好打造，不会出现人设的崩塌或道德危机。第三，虚拟人不存在跳槽等问题。

虚拟人直播带货主要用于两种场景。第一种场景，只有一个真人，他驱动大量虚拟人。例如，粉丝 A 喜欢帅哥，就有一个帅哥的虚拟人跟粉丝 A 交流；粉丝 B 喜欢美女，就有一个美女的虚拟人跟粉丝 B 交流。只有一个真人在直播，使用动作捕捉或者视频捕捉方式，驱动若干个不同的虚拟人。赋予每个虚拟人不同的人设、长相、身高、体重、音色等，从而实现粉丝的个性化服务，提高直播的转换率。第二种场景适合明星或流量巨大的网红。明星本人一天一般只直播 1 小时，可以制作明星的超写实虚拟人，这样就可以实现该明星一天 24 小时、一年 365 天直播了。这个直播是用人工智能技术来驱动的。

### 4.3.4 娱乐

元宇宙在娱乐场景的案例，大家可能见得最多。业内已经出现大量虚拟明星，如柳夜熙、洛天依、翎、AYAYI、哈酱等。

现在很多电影拍摄、制作都会用虚拟人。人或者人工智能驱动一个超写实虚拟人去完成电影的制作即可。

### 4.3.5　虚拟员工

目前在元宇宙企业中应用得比较多的，还有虚拟员工、元宇宙会议等。在电子政务领域，未来也将出现大量的虚拟员工，来实现政府服务的沉浸式体验，提升政府的服务效果。

2021年12月，万科集团董事会主席郁亮的一则微信朋友圈，被大量转发。在这条状态中，郁亮向2021年万科总部优秀新人奖得主——崔筱盼表达了祝贺。重磅的是，他揭晓了这位新人奖得主的真实身份是一位虚拟人。

在人工智能时代，大家讨论最多的一个话题就是人工智能技术会不会替换大量的就业岗位。这个话题在人工智能时代还没有形成定论，现在，又要在元宇宙时代重新开启。虚拟员工是人工智能时代的RPA技术与元宇宙的结合。RPA是一个后端的服务程序，并没有前端的显示效果。通过虚拟人赋予RPA程序一个人的形象，并提供文本、语音等接口形式，让人们的体验更好。

### 4.3.6　文化旅游

元宇宙的实现，首先要将现实世界使用数字孪生技术映射到数字世界，然后人们才可以体验数字世界。而现实世界中风景名胜、博物馆、艺术馆是最具有数字孪生价值的，因此这些场景也将最先进入元宇宙。文化旅游是目前元宇宙竞争的焦点。在红色旅游领域，我们很难跟现在的孩子们讲清楚长征过程中的艰苦，因为现在的孩子们从来没有饿过肚子，他们没法体会这种艰苦，因此可以在元宇宙里设计一个个长征的场景，让他们来亲自体验一下。例如，可以设计13根铁索，对面还有敌人的机枪和大炮。让孩子们戴上头盔，做一个游戏，通过这 13 根铁索走到对岸。做完这个游戏，孩子们对飞夺泸定桥就会有深刻的印象。

### 4.3.7　教育与培训

现在，如果我们教小孩子认识动物和植物，建一座植物园或动物园是不太现实的。动物园和植物园的成本太高了，而且还需要专业的养护人员。在元宇宙里，只要戴上头盔，不管什么季节都可以教孩子们认识梅花、迎春、杜鹃、牡丹。

宇航员、机长的培训，也可以在仿真舱完成，而不必用真实的宇宙飞船或飞机来训练。工业、农业、航空、医疗、智能制造等众多场景，最好的训练方式都是通过元宇宙。元宇宙的教育和培训沉浸式体验最好，效果最佳，甚至远远超过现实的培训效果。例如，如果要给学员讲解发动机的结构，拿一个真实的发动机，可能效果也没有元宇宙培训效果好。因为在元宇宙中可以轻易把发动机拆开组合，而在现实中则需要一定时间，具备一定难度。

## 4.4　元宇宙产业的顶层设计

元宇宙是一波比当年的互联网浪潮更汹涌的产业革命浪潮，因此各省市未来都要发展元宇宙产业。在发展元宇宙产业的过程中，不得不考虑一个问题：城市元宇宙产业的顶层设计。

### 4.4.1　顶层设计的一般原则

目前，元宇宙刚刚兴起，产业和技术都不是特别成熟，但未来的应用场景非常广泛。这就要求在做元宇宙顶层设计的时候，不仅要考虑近期的经济回报，还要考虑远期的经济效益，让元宇宙产业可以长期健康发展。

(1) 政府扶持和引导

政府可以提供元宇宙相关项目的对外招标。这些项目以前可能以电子政务、文化场馆建设的形式对外招商，现在可以用元宇宙的形式。例如，各级政府每年都有电子政务的项目需求，以前可能就是简单的政务信息化或数字化项目。现在可以把要求提高，把沉浸式的体验加到项目需求中，这样就变成初级的元宇宙项目了。这种政府项目扶持的方式，可以促进当地元宇宙产业的发展。

再如，电子政务中常设有自动问答系统，用于回答百姓的常见问题。为了提高用户体验，就可以为相关政府负责人（如市长）设置虚拟人，让市长的虚拟人来亲自回答百姓的问题。这样，一方面可以提升用户体验，解决百姓关心的问题，另一方面也能够让政府与百姓的关系更加融洽。

当然还有其他可能的政府扶持项目的形式，以前的电子政务需求都可以转化为元宇宙的需求。也可以考虑在政府的官方网站设置一个元宇宙空间，让百姓在线上就能够获得政务服务大厅似的业务办理体验。

(2) 元宇宙博物馆

博物馆是元宇宙最好的体验场所，也是最佳的应用场景。我们一般认为，元宇宙可以实现时空逆转。所谓时空逆转，就是把过去已经发生的场景复现，让人们以沉浸式的方式来体验过去发生过、现在已消失的场景。博物馆本来就是对过去的文化场景的物理复现，这样就形成了与元宇宙的天然结合。例如，重庆永川的永川龙特别有名，而传统的恐龙博物馆都仅展示恐龙的骨架。游客很难直观感受永川龙的魅力。毕竟不是每一位博物馆的游客都是考古学家，大家需要更沉浸式的体验。如果把永川龙博物馆做成元宇宙博物馆，那么游客戴上头盔就可以体验到1.5亿年之前永川龙的生活环境、掠食方式等，能够体验到与恐龙生活在一起的感受。这样就实现了时空的逆转，提升了博物馆的参观体验。

（3）元宇宙主题公园

2021 年 11 月 18 日上午，张家界元宇宙研究中心挂牌仪式在武陵源区大数据中心吴家峪门票站举行，张家界自此成为全国首个设立元宇宙研究中心的景区。

张家界元宇宙研究中心为张家界赚足了眼球，同时也为提高张家界旅游景区的知名度打好了基础。在元宇宙时代，很多景点将不仅仅是线下的游览和体验，线上游览公园景点将成为一种新的时尚、新的文化、新的潮流。

现在元宇宙发展并不成熟，所以很多的元宇宙产业还需要线下场馆。景区的配合主题公园是一种比较好的元宇宙展现形式。元宇宙主题公园将结合公园原有的文化底蕴和 IP 资源打造元宇宙场景，让用户可以快速进入元宇宙、体验元宇宙。例如，浙江杭州、河南开封可以打造体验宋代生活的元宇宙主题公园；陕西西安可以打造体验唐朝生活的元宇宙主题公园；湖南岳阳可以打造体验三国战场的主题公园。

（4）元宇宙大会

元宇宙的技术和产业都刚刚开始，在这个时候更需要相关的专家共同研究和探讨，交流元宇宙发展的心得和体会。元宇宙大会是专家交流的最好形式。每个城市在进行元宇宙顶层设计的时候，都可以考虑办一个元宇宙科技传播、产业发展、科研进展的交流会，邀请知名的学者、企业家、投资人、艺术家等共同交流。

元宇宙大会既有利于科技的传播、品牌的塑造，也是项目落地的好渠道。

（5）元宇宙研究院

城市在做元宇宙顶层设计的时候，可以"十四五"规划为指引，围绕地方产业布局及发展需求，以市场化运营机制为核心，整合所在城市的科研机构、高等院校和科技企业资源，推动成立元宇宙研究院，并以研究院为承载平台开展各项合作，把研究院打造成为支撑所在城市乃至全省周边所在区域的数字经济发展核心机构。

充分发挥各方在经济建设和产业管理中积累的成熟经验和模式，充分发挥科技产业机构在大数据、人工智能、5G、物联网、机器人、视频等领域的技术资源协同优势，打造一个技术领先、集约共享、自主可控、面向所在市及全省的元宇宙数字经济底座，包括软、硬件基础设施（信息云平台、大数据平台、视频云平台、人工智能平台、区块链平台、融合通信平台、IoT 平台、GIS 平台等），支撑所在城市发展成为数字产业资源集散地，深入推动传统产业数字化转型升级，构建元宇宙数字经济生态和区域经济发展新格局。

元宇宙研究院可以是科研类事业单位，也可以是民营非营利组织，还可以是政府合作的商业企业。其主要研究元宇宙相关的技术孵化、场景应用设计、产业分析以及相关科研课题，实时为城市元宇宙产业发展献计献策。研究院要负责起草白皮书，出版专业和科普书籍，制定行业标准、国家标准和国际标准，提高行业影响力，保证城市在元宇宙赛道的技术领先性和全球影响力。

（6）元宇宙产业学院

2020 年 7 月，教育部、工业和信息化部研究制定了《现代产业学院建设指南（试行）》，颁布该指南的核心目的是落实《国务院办公厅关于深化产教融合的若干意见》（国办发〔2017〕95 号）和《教育部  工业和信息化部  中国工程院关于加快建设发展新工科  实施卓越工程师教育培养计划 2.0 的意见》（教高〔2018〕3 号）等文件精神，推进现代产业学院建设工作。

这是一个标志性的文件，进一步确立了"现代产业学院"在国家、地方政府、高校的发展方向以及具体实施步骤，明确提出了培养适应和引领现代产业发展的高素质应用型、复合型、创新型人才，是高等教育支撑经济高质量发展的必然要求，是推动高校分类发展、特色发展的重要举措。

说到底，人才是元宇宙发展的最核心要素，也是地方经济发展的原动力，如何搭建内容、技术等方面的人才梯队，从而落地元宇宙产业基地，是推进元宇宙发展的重要工作内容。元宇宙的人才建设包括以下几方面。

①专家科技研发与技术引导，形成元宇宙产业研究院。

②从元宇宙企业的技术转化到产品实际应用与营销，形成区域的元宇宙产业基地。

③培养大批的一线元宇宙技术人员，服务元宇宙的发展，从而形成元宇宙的人才实训工作基地与产业基地结合，同步发展。

元宇宙产业学院的建设是一个长期的过程，不可能一蹴而就。人才从培养到发挥社会作用，也需要一个周期。建设元宇宙产业学院，需要坚持如下原则。

①坚持育人为本。以立德树人为根本任务，以提高人才培养能力为核心，推动学校人才培养供给侧与产业需求侧紧密对接，培养符合产业高质量发展和创新需求的高素质人才。

②坚持产业为要。依托优势学院专业，科学定位人才培养目标，构建紧密对接产业链、创新链的专业体系，切实增强人才对经济高质量发展的适应性。突出高校科技创新和人才集聚优势，强化"产学研用"体系化设计，增强服务产业发展的支撑作用，推动经济转型升级、培育经济发展新动能。

③坚持产教融合。将人才培养、教师专业化发展、实训实习实践、学生创新创业、企业服务科技创新功能有机结合，促进产教融合、科教融合，打造集产、学、研、转、创、用于一体，互补、互利、互动、多赢的实体性人才培养创新平台。

④坚持创新发展。创新管理方式，充分发挥高校与地方政府、行

业协会、企业机构等双方或多方办学主体作用，加强区域产业、教育、科技资源的统筹和部门之间的协调，推进共同建设、共同管理、共享资源，探索"校企联合""校园联合"等多种合作办学模式，实现现代产业学院可持续、内涵式创新发展。

（7）元宇宙引导基金和产业基金

元宇宙产业的发展离不开资金的支持。2022 年 3 月 3 日，北京市通州区人民政府办公室对外公开了《关于加快北京城市副中心元宇宙创新引领发展若干措施的通知》，提出大力推进示范应用、全面优化产业布局、鼓励发展早期和长期投资、加强知识产权保护和标准创制、给予元宇宙企业房租财政补贴、发挥多方产业组织力量、支持人才及团队引进、加强国际交流合作八条措施。

据了解，北京城市副中心产业基金体系包括 50 亿元产业母基金、100 亿元绿色基础设施基金、1000 亿元副中心投资基金，以及 10 亿元元宇宙发展基金，为元宇宙产业发展提供资本支撑。

2022 年 4 月 26 日，以"新业态、新动能、新优势"为主题的中国元宇宙产业发展高峰论坛在重庆仙桃国际大数据谷举办。政府相关部门、高校科研院所和知名企事业单位等 100 余名代表通过线下方式参加，共同聚焦重庆乃至全国元宇宙产业发展热点。同时，重庆市元宇宙发展基金正式成立。该基金相关负责人表示，这支基金将重点支持重庆市元宇宙初创项目和重大优质项目，将主要投资 VR、AR、数字孪生、智能穿戴设备、数字渲染、智能算法等元宇宙相关项目，支撑重庆市元宇宙产业生态建设。

城市在进行元宇宙顶层设计的时候，可以参考北京市通州区和重庆市渝北区的做法。设立元宇宙引导基金和产业基金，在了解城市的产业布局和未来规划的基础上，明确基金的投资方向。

（8）数字作品交易所

在未来几年，元宇宙经济将逐步深入人心，人们的消费将由以传统的实物商品为主逐步进化到以数字商品为主,数字资产、数字货币、数字交易、数字市场都将日益成熟,加快布局数字交易具有重要的意义。

基于元宇宙技术建立国际数字作品交易中心可以促进生产力进步、推动社会发展、进而实现社会财富增长,从产业垂直维度塑造全新产业链。

在元宇宙世界依旧存在国别、矿藏、疆域,只不过形式转换为知识主权、文化矿藏、数字疆域。建立国际数字作品交易中心对元宇宙进行积极管理是实现对知识主权、文化矿藏、数字疆域的确权基础,由此派生出衍生权利和虚拟财富才有据可依。

元宇宙数字经济是新一轮产业经济增长点,传统产业元宇宙化、新兴产业涌现,区块链、NFT、数字孪生、碳排放是进一步释放改革红利,推进共同富裕的重要组成部分。在过去十五年,互联网经济、电商购物、网络游戏、网络影视、网红主播吸纳了大量就业,产生了众多互联网企业,掀起了一波又一波的经济浪潮。基于现有技术与新技术总和的元宇宙蕴含更多的能量和思想空间,这将是共同富裕的有效实践。

元宇宙的应用场景之一就是数字作品的交易,而版权产业又是我国支柱产业之一。国家版权局于 2020 年 12 月 30 日发布的中国新闻出版研究院"2019 年中国版权产业经济贡献"的调研报告显示:①2019 年中国版权产业的行业总值为 7.32 万亿元人民币,同比增长 10.34%,占 GDP 的比重为 7.39%。②2019 年我国版权产业的城镇单位就业人数为 1628.60 万人,占全国城镇单位就业总人数的比重为 9.49%。③中国版权产业对外贸易稳中提质,2019 年中国版权产业的商品出口额为 3653.30 亿美元,占全国商品出口总额的比重为 14.62%,连续多年在全国商品出口总额中的比重稳定在 11% 以上。

目前国内很多 NFT 交易平台,都游走在法律的边缘,踩着红线做事。为防止当年区块链用于 ICO 等庞氏骗局的悲剧重演,防止有人利用元宇宙浪潮开启新一波的"割韭菜"运动,促进数字作品的有序合法交易，建立一个合法合规的数字作品交易平台已经势在必行。

随着元宇宙在我国受到普遍关注，许多 NFT 交易平台风生水起。在我国，大多数 NFT 以数字藏品的形式交易。目前许多交易平台只做一级市场，甚至处于半公开状态，几乎所有的 NFT 交易平台都存在合规性问题，主要包括以下几方面。

版权问题：许多数字藏品在发行时未获得版权方的认可和授权，权利人的合法权益被剥夺。

链选择问题：目前所有的公链以及二层侧链在中国都可能需要整改，重新上到联盟链。

交易方式问题：目前的二级市场都没有获得主管部门的批准，文化产权交易所和数字资产交易所或将是合规的路径。

使用价值问题：许多上链的作品并没有实际使用价值，形成火爆购买更多是因为大众对元宇宙的不了解，以及平台的炒作。

发币问题：个别 NFT 交易平台，使用比特币、以太币或自行发行代币进行交易，这些都不符合我国法律要求，容易扰乱我国金融秩序。

除了上述问题，在中国的数字商品交易，还有许多其他法律问题，如数据安全、网络安全和个人信息保护等方面的问题，知识产权问题（包括版权、商标、专利、商业秘密等），其他一些民事权利包括肖像权、虚拟财产等方面的问题，以及吸收存款等金融监管方面的问题。在交易、交付和交割过程中，很多数字交易都有逃避纳税问题。不少平台对用户没有有效身份认证，使平台成了洗钱的通道。

在中国发展数字作品交易一定要确保规范性，无序的发展可能导致新一轮的"割韭菜"运动，给金融秩序带来风险，并使我国丧失在这个市场的国际话语权。

（9）元宇宙产业园

元宇宙产业园是城市元宇宙生态企业的聚集区，也是各个城市发展元宇宙的必然选择。元宇宙产业园一般并不是从头新建，可以由现有高科技产业园升级而来。

元宇宙产业园的建设，第一个要明确的是产业园的定位。元宇宙赛道很宽，涉及范围很广，能够做的事情也非常多。一般来说，一个产业园不能完成元宇宙的所有业务，所以需要明确产业园的定位。例如，可以定位为元宇宙的算力提供，或元宇宙的网络安全，或元宇宙的芯片设计，或元宇宙的内容生产，或元宇宙电影拍摄。

元宇宙产业园需要配套资源，如政府引导基金、社会产业基金、企业服务平台、园区运营、招商引智等。一般要配备元宇宙研究院完成技术研发、人才培养、政策研究、产业研究等。

### 4.4.2 发挥城市自身优势

不同的城市有不同的产业基础，不同的历史和文化底蕴，不同的科研教育方向，不同的人才优势。因此，各城市发展元宇宙产业，切不可照抄照搬其他国家和城市的模式。城市应该发挥自身优势，避免自身短板，因地制宜地发展元宇宙产业。例如，中西部个别教育基础比较薄弱的城市，就不适合发展元宇宙的核心技术产业，而应该发展对技术要求不是特别高的元宇宙产业。美术、电影、音乐、传媒等基础较好的城市，可以发展元宇宙内容生产产业。人口较少、气温较低的城市，可以发展元宇宙算力平台、大数据中心、云计算中心等基础设施产业。

### 4.4.3 元宇宙产业园不是元宇宙企业的集合

许多地方高新区负责人见我的第一面，都说："龚老师，您肯定认识很多元宇宙的创业项目负责人，能不能找一些项目到我们高新区落地？"

类似的问题，元宇宙圈子的人可能都遇到过。很多元宇宙产业园的运营人员把产业园看成一堆元宇宙公司的集合，以为自己所在的产业园是元宇宙产业园，那么只要是元宇宙公司，就都可以入驻。其实元宇宙产业园是若干元宇宙企业的有机结合，必须是由有生态关系的元宇宙公司组成。如果元宇宙产业园规划的时候定位不清，或前期招商的时候没有注意，使得一堆无关联的元宇宙公司聚到了一起，会给后期的招商带来困难。

正如前文所说，元宇宙不是若干技术的组合，而是集成创新。当太子丹把舞姬的手砍下来送给荆轲的时候，两只手离开了舞姬的身体，已经没有了荆轲所需要的价值。一个完整的舞姬，其价值远远大于其"脑袋的价值 + 躯干的价值 + 双手的价值 + 双脚的价值"，这就是哲学上所说的整体大于部分和。

元宇宙产业园的建设也是如此。一个良性的元宇宙产业园，其价值将远远大于各元宇宙公司的价值和。大部分元宇宙公司离开产业园将发展受阻，甚至死亡。就像两排沙发、四个车轮、一台发动机价值并不大，但经过有机的组合，形成一辆汽车，价值就大大增加了。元宇宙产业园的建设，就是负责人心里有一辆汽车，然后挨个寻找沙发、车轮、发动机的过程。

总而言之，元宇宙产业园不是元宇宙企业的集合，而是元宇宙企业的有机结合，是由一系列具有生态关系的元宇宙企业构成的元宇宙生态系统。

## 4.5 元宇宙是未来经济的支柱产业

房地产在很长一段时间里都是我国的支柱产业，其庞大的上游市场、中游市场、下游市场，使房地产行业在很长时间内都对中国经济贡献巨大。现在我国大力发展数字经济，数字经济占我国 GDP 的比重已经接近40%。那么未来什么产业能够成为中国经济的支柱产业呢？显然，未来我国经济的支柱产业，也应该跟曾经的房地产一样，具有非常庞大的上游市场、中游市场和下游市场。

从现在各行各业的比较而言，未来我国的支柱产业很可能是元宇宙。它本身有非常庞大的中游市场。元宇宙 to B 和 to C 的场景很多都是大场景。To C 的游戏场景在中国至少有 10 亿潜在用户，社交场景在中国至少有 10 亿用户，电商场景在中国至少有 6 亿用户……这都是非常好的场景。

我认为，从历史角度分析，原来互联网在我国走过的路，我们都将升级改造，用元宇宙再走一遍。

互联网进入中国早期，几千万家公司都要申请域名，开发官网。于是域名就成了大生意，网站开发也成了大生意。当这么多网站一下子冒出来的时候，从众多网站中找到自己需要的网站也成了刚需，于是百度搜索引擎出现了。

当年各公司、事业单位、政府部门、非营利性机构都需要开发官网，仅这项业务，就对我国 10 多年的经济发展贡献巨大。在元宇宙时代，这个产业必将升级。我国有超过 4000 万家企业，假定有 1000 万家企业处于存活状态，每家公司建一个元宇宙空间需要花费 1 万元，这就是 1000 亿元的市场容量。互联网早期，开发一个官网的价格在 1 万到 2 万元，后期价格下降到 5000 元以下。按照 10 年周期来完成各单位元宇宙空间的开发，仅这一项，就能够为中国未来 10 年的数字经济发展创造很多产值。

在互联网时代，社交、搜索、电商、短视频、支付、出行等成为互联网的领跑赛道。互联网行业风云际会，涌现出大量创业神话。未来的元宇宙时代，还会涌现出更多波澜壮阔的创业热潮，教育、培训、文旅、社交、游戏、搜索、电商、短视频等赛道还将引领元宇宙产业化进程。这些都是非常庞大的产业。

元宇宙的创作者经济将迎来前所未有的繁荣，内容制作造就大量就业岗位，内容平台将出现超级巨头，创意产业将成为一个巨大的产业。

第**5**章

# 元宇宙发展面临哪些问题？

元宇宙是一种科技新事物。从历史上看，每一种新科技出现的时候，都会引发人们对伦理、道德与法律的大讨论。每一种新媒体形式的出现，都是对原有媒体形式的冲击，也会对社会的伦理、道德与法律产生一定的影响。元宇宙的伦理、道德和法律问题是摆在我们面前的客观问题，我们必须正视。

## 5.1　伦理、道德与法律的界定

伦理、道德与法律是密不可分的，其界定也相对抽象。一般认为，道德是伦理的基础，法律是道德的底线。

### 5.1.1　伦理与道德

有人认为：当代伦理概念蕴含着西方文化的理性、科学、公共意志等属性。而道德概念蕴含着更多的东方文化的德性、人文、个人修养等色彩。"西学东渐"以来，中西伦理与道德概念经过碰撞、竞争和融合，二者划界与范畴日益清晰，即伦理是伦理学中的一级概念，而道德是伦理概念下的二级概念。它们有着各自的概念范畴和使用区域，不能相互替代。

知名哲学家李泽厚认为，伦理是外在社会对人的行为的规范和要求，所以通常指社会的秩序、制度、法制等；而道德则是指内在的规范，是个体的行为、态度和一种心理状态。

康德认为道德哲学是先验的哲学，是先于经验而存在的。道德是一种先验，是不以人的意志为转移的，具有绝对性。在李泽厚看来，康德和黑格尔对"道德"的不同观点，只是没有区分"道德"和"伦理"。康德的道德哲学，更多是"道德"，是一种个体的行为、态度和心理状态，而黑格尔的"道德"实际上是更侧重于"伦理"，它是一种外在的规范，它讲的是人与家庭、社会、国家之间的规范和秩序。

在康德看来，人类的道德感来自先验的理性，不是从经验中获得的。李泽厚则说，道德来自先验的理性是从个体来看的，如果从人类整个历史来看，道德也来自经验，称为"理性的凝聚"。

在原始社会，人类都是通过外在强迫，逐渐习得、遵循某种伦理秩序、规范，然后逐渐变为内在的意识、观念和情感，变成了一种看似先验的理性。例如，我们看到蛇、狮子、老虎等危险的动物，会本能地产生恐惧害怕的心理。因为远古的祖先，在原始丛林的环境中受到过伤害，久而久之，就形成了我们对这些动物的本能反应。这种意识、观念和情感已经内化到我们的本能中，所以，我们感觉是天生的，是先验的理性。但实际上，从人类历史的长河看，它也是经验的结果。换句话说，李泽厚认为，伦理，也就是外在的社会规范、要求、秩序、制度，是先于道德而出现的，很多行为看似是先天的本能，其实也是经验塑造的。

再如，中国人有尊老爱幼、尊敬师长的美德，也是由于长期受到社会规范和文化的熏陶，让我们产生了这些看似本能的情感。但从整个人类社会的发展过程来看，这些美德同样来源于经验的理性。又如，在唐朝，袒胸露乳并没有违背道德。但是到了宋代，女子被要求"大门不出二门不迈"，不要说袒胸露乳，大家闺秀迈出家门都是不道德的。到了现在，女人顶起半边天。女性也要坐公交、出远门，也要参与工作，这些早已不是不道德行为了。

### 5.1.2 道德与法律

法律专家王运嘉认为：法理学是伦理和道德在法律体系中的具体体现。法理学主要有两大学派。自然学派与实证学派，自然学派主张"恶法非法"，实证学派则认为"恶法亦法"。关于"恶"的定义莫衷一是，在我国，不符合公序良俗的行为或可视为"恶"。所以，简单地说，自然学派偏向伦理，实证学派则偏向法律。法律是实证的与外在的，伦理是理想的与内在的，但就法的本质而言，伦理是法律的基石。

俗话说，"法理无外乎人情"，最朴实的语言往往能一语中的。但何谓"人情"，在国内或可为《民法典》中的公序良俗，在国际则为统治阶级盱观全球的价值尺度。当下的趋势是各国愈来愈向实证学派靠拢，我认为其主要原因是国际冲突与日俱增且国内社会结构日趋复杂，各国统治阶级为了快速应对突如其来的外部变化与威胁，唯有增强国力，所以，各国统治阶级大都以国内优先为首要考量。马克思认为法律是统治阶级的意志体现，实乃微言大义，一语道破实证精髓。

## 5.2　元宇宙的伦理道德问题

在电视刚出现的时候，其伦理道德问题吸引了大量的眼球。现在，我们很少关注电视本身的伦理道德问题，更多地关注电视节目的道德问题。元宇宙现在还是一个新事物，其伦理道德问题也是一个必须正视的问题。冯昊青在《网络虚拟社会道德构建的理论探讨》一文中探讨了网络虚拟社会的许多伦理和道德问题，也提出了虚拟社会道德建设的一些建议。元宇宙作为沉浸式的网络虚拟社会，继承了传统网络虚拟社会的许多伦理和道德问题。

### 5.2.1　道德冷漠

与现实世界相比，元宇宙将人转化为数字与符号，这种虚拟的本质使人的一切属性都呈现出数字化的特点。人与人之间的关系从某种意义上讲是一种数字化、符号化的交往方式。这种人际关系失去了现实社会中人与人之间的温度，是一种冰冷的数字和符号，从而将人的丑恶的本性暴露出来，导致道德冷漠现象发生。

在元宇宙中，人们通过沉浸式游戏体验不同的人生，因此，人们也很容易把人生理解为一场沉浸式的游戏。当游戏结束的时候，人们并不太在意游戏的每个细节，反正游戏还可以重新开始。当这种游戏的沉浸式体验太好了的时候，人们也很容易把这种心态带到现实世界。例如，当一个人沉迷于玩沉浸式的动作类打怪升级游戏时，他可能习惯了刀光剑影，习惯了快意江湖，那么他在现实世界遇到类似问题的时候，也很容易用简单粗暴的方式解决。当一个人沉迷于沉浸式的赛车游戏，在游戏中见摔伤摔死太频繁后，在现实世界遇到车祸，可能也会保持冷漠，不会伸出救助之手。

### 5.2.2　道德冲突

元宇宙是一个开放的多元化虚拟世界，来源于人们对平等、自由的追求，来源于人们体验不同人生的诉求。在元宇宙里，人们希望可以自由发表任何言论。元宇宙的开放性和沉浸性使人们很容易在元宇宙中实现面对面交流的效果，世界各个地区、各种文化、各个学派都可以在元宇宙中自由交流、观点碰撞，因而使得各种各样的观点可以求同存异，交相辉映。

世界上各人种、各国家、各民族由于文化不同、生活习惯不同，对道德的理解必然不同，在同一个元宇宙相处时，会不可避免地产生道德冲突。道德冲突的后果，就是经济、文化上强势的国家对劣势国家进行价值观念、意识形态的渗透，从而造成元宇宙时代的经济霸权和文化霸权。

### 5.2.3　绝对自由

人们为了摆脱现实社会法律法规、规章制度的约束而进入元宇宙空间。因此，"现实社会中的道德、法律规范在元宇宙中没有用了"等成为人们在元宇宙中各种行为的借口。就像在互联网时代，很多生活中老实本分、不善言辞的人们到了网上可以高谈阔论、无所顾忌，在元宇宙时代，尤其是元宇宙早期，很多人都会以为元宇宙是"法外之地"。人们在元宇宙中认为自己的精神世界仿佛彻底解放，获得了真正的"自由"。

在这种超脱现实的情感和欲望的冲动下，人们可能会忘记自己的社会角色、社会地位和社会责任，因此，在元宇宙中难免会出现与道德相违背，甚至触犯法律的行为。元宇宙社会为人们提供了极大的自由度，远远超出了人们社会责任的范围，而由此引起的道德失范问题也必会愈来愈多，愈演愈烈。这种不良的状况不仅会破坏元宇宙秩序，而且会波及社会的正常运转。

### 5.2.4　加剧宅文化

宅文化是移动互联网高度发达的后遗症，也是贫富差距、年轻一代封闭自我等社会问题的集中体现。有了外卖、游戏之后，很多人可以做到连续很多天待在房间里不出门。特定群体沉浸于元宇宙的虚拟社会，逃避现实世界的社会生活，可能导致"宅"现象更加严重，贫困人群等弱势群体以虚拟现实中的体验替代真实世界中的感受，社会分层加剧。

宅文化的加剧，既是一个严重的伦理问题，也将是一个严重的社会问题。如果宅在家里的人太多，又有沉浸式体验的元宇宙，宅男宅女可能会变得更宅。在元宇宙宅得太久，宅得太深，传统的家庭伦理也会受到影响。

由于沉浸式体验会在元宇宙做得越来越好，许多线下的活动有可能转移到元宇宙完成，也包括部分违背道德，甚至违法的活动。

### 5.2.5　元宇宙和平演变

1953 年 1 月，杜勒斯在国会考虑任命他为国务卿时的证词中明确提出了所谓的"解放政策"，即"和平演变"。在元宇宙时代，帝国主义"和平演变"和"颜色革命"之心不会死，甚至会愈演愈烈。元宇宙在感官控制和意识控制上的滥用，比文字、影视等更易于影响和塑造人的主观意识与对事物的认知，具有较强的"洗脑"效果。不良目的的"元宇宙洗脑"具有极大的危害性。

### 5.2.6 传统节日受到冲击

中国自古以来就有对原始祖先的崇拜，史前时期的有巢氏、燧人氏、伏羲氏、炎帝、黄帝被尊奉为中华民族的人文始祖。祖先崇拜或敬祖，是指儒教的一种习惯，基于死去的祖先的灵魂仍然存在，仍然会影响到现世，并且对子孙的生存状态有影响的信仰。一般崇拜的目的是相信去世的祖先会继续保佑自己的后代。在大多数文化中，祖先崇拜和神灵崇拜不太一样，神灵崇拜是希望祈求一些好处，但祖先崇拜一般展示的是一种孝道。

元宇宙时代，传统节日很可能受到冲击。元宇宙时代，每个人都会有若干个化身，数字人将越来越多。人在现实世界死亡之后，其元宇宙中的化身还将继续存在，从某种意义上实现人类的"永生"，在元宇宙就可以见到自己的祖先。原来在清明节、中元节、除夕进行的表达祖先崇拜的仪式，可能都不需要了。

## 5.3 元宇宙的道德构建

元宇宙会深刻影响未来社会人与人之间的关系，元宇宙这个虚拟社会也应该成为一片道德的净土。

### 5.3.1 提前研究和布局

元宇宙是一个新事物。由于其具有沉浸式体验而将成为人们精神世界的主要载体。人们的许多活动都将转移到元宇宙来完成。在这个数字世界里，人与人之间的关系将发生巨大的变化，因此需要我们提前研究，提前布局，想好相应对策。

中华文明的传统美德，社会主义的核心价值观，在元宇宙中也必须继承和发扬。目前元宇宙刚刚兴起，正是组织伦理学家、社会学家共同探讨如何将传统美德和社会主义核心价值观在元宇宙中继承和发扬的好时机。

### 5.3.2　科技理性与价值理性的良性互动

在元宇宙道德伦理的理论层面，要正确认识科技理性与价值理性的良性互动关系。潘洪林教授在《科技理性与价值理性》一书中提到，自 19 世纪以来，随着工业化进程的推进和两次世界大战的爆发，西方社会陷入了深重的危机，严峻的现实迫使他们对其现代化的方案进行反思。他们从文化的角度对西方社会展开了批判，得出的结论是西方社会的危机就是理性的危机，是科技理性僭越了价值理性的危机。"技术统治""知识霸权""工具理性""科学技术意识形态化"等成为流行话语，交织而成了一股相当强大的反科技理性思潮。西方学界在这一论题上处于全球话语霸权的地位，其反科技理性的论调对我国学界形成了强烈的冲击。

潘洪林认为：科技理性和价值理性是人类理性主干上的两大支干，是人类把握外部世界和人自身的两种能力，两者统一于人的社会实践活动之中。西方学界不仅片面强调了科技理性和价值理性之间的对立性，而且设置了一个错误的前提，那就是在赋予西方价值理性具有先天合理性的前提下，对科技理性进行批判，从而得出了科技理性就是工具理性的结论。潘洪林提出价值理性工具化的观点，分析了西方发达国家借经济全球化之际，以价值理性为工具实施侵略和扩张的事实；提出了中国科技理性和价值理性的建构策略，一是实施科教兴国战略，二是营造精神家园，三是建设生态文明。

从哲学上讲，以科学技术为特征的科技理性对于人类社会具有建构世界的作用，而以伦理道德为特征的价值理性对于现实世界有批判作用。人类社会就是在科技理性的建设性与价值理性的批判性的两极张力中摇摆前进的。科学技术是一把双刃剑，它既有正面作用，也有负面影响，取决于使用科学技术的人。刀既可以用来切菜，也可以用来杀戮。刀本身没有对错，只有使用刀的人有对错之分。元宇宙作为刚兴起的新事物，在促进人类社会前进的同时，也有意无意地给人类带来负面影响。作为科学技术产物的元宇宙，在价值领域并不存在"该不该"的判断，它被用于善或恶的目的，完全取决于使用它的人的伦理道德。

归根结底，元宇宙的道德问题，无外乎使用元宇宙这个工具的人的道德问题。在科技理性取得话语霸权的今天，人们把技术的价值推崇到了极限，由此导致了价值理性失落。科技负作用的产生在于科学技术的滥用或误用，在于人类价值观念的偏颇。元宇宙的技术和场景都处在探索中，必须借助人类特有的伦理智慧和道德精神的指引，才能防止人们在研究与运用中的急功近利，把技术的不确定性对社会造成的危害降到最低。

### 5.3.3 元宇宙道德的生成机制

人类的道德是人类社会长期发展而形成的，是基于经验的总结，理性的凝结，而不是先验的。那么，元宇宙伦理规范的生成机制也只能是立足于现实世界的伦理道德体系，从中吸取一些体现元宇宙气质的新的道德观念，并逐渐发展和演化，形成元宇宙道德体系。

"元宇宙伦理"实际上是一个伪命题。元宇宙伦理或元宇宙道德并不意味着一种新的伦理道德的出现。当然，元宇宙道德概念的出现，也意味着在现实世界形成的道德体系与在元宇宙这个虚拟世界所运行的道德体系是有差异的。元宇宙道德是对数字世界的要求，它与根植于现实世界的既有道德体系略有不同。我们不需要在元宇宙中构筑一个全新的道德体系，应该从现实世界的道德体系中衍生出元宇宙的道德体系。

实际上，现实世界的伦理和道德是在人们长期的社会实践中形成的，它的一般原理和运行机制反映了人们社会活动的一般规律，对规范人们的行为是有效的。人的社会行为应该具有统一性，社会的发展也应该具有连续性。元宇宙作为一个来源于现实世界的数字世界，也应与现实世界具有统一性和连续性，其伦理道德体系与现实世界的伦理道德体系不能割裂。我们应该根据现实世界道德体系的一般原则，培养元宇宙道德体系的生成机制和运行机制，确定元宇宙伦理道德体系。

元宇宙道德在一定程度上体现着其与现实世界道德有历史的、内在的逻辑联系，体现着现代与传统的和谐统一。因此，在元宇宙伦理建设中，应该吸收古今中外伦理思想中体现人类共同伦理道德精神和运行机制的优秀成果，作为元宇宙道德可资借鉴的东西。

## 5.4　计算机伦理的探索

### 5.4.1　美国计算机伦理协会的尝试

元宇宙伦理道德从根本上讲属于计算机伦理道德的范畴。这一方面的工作，西方社会已经做了不少有益的探索，并且取得了较为显著的成果。例如，美国计算机伦理协会制定的十条戒律。

- 你不应当用计算机去伤害别人。
- 你不应干扰别人的计算机工作。
- 你不应窥探别人的文件。
- 你不应用计算机进行偷窃。
- 你不应用计算机作伪证。
- 你不应使用或拷贝你没有付钱的软件。
- 你不应未经许可而使用别人的计算机资源。
- 你不应盗用别人的智力成果。
- 你应该考虑你所编的程序的社会后果。

- 你应该以深思熟虑和慎重的方式来使用计算机。

从内容上折射出的是传统社会的伦理精神，即伤害他人是不对的，影响他人工作是不对的，偷窃他人财物是不对的，等等。

### 5.4.2 美国南加利福尼亚大学网络的探索

美国南加利福尼亚大学也在其网络声明中指出了六种不道德行为类型。

- 有意地造成网络交通混乱或擅自闯入网络及其相连的系统。
- 商业性地或欺骗性地利用大学计算机资源。
- 偷窃资料、设备或智力成果。
- 未经许可而接近他人的文件。
- 在公共用户场合做出引起混乱或造成破坏的行动。
- 伪造电子邮件信息。

其实质上反映的是传统的道德观念，即不做有损于社会和人类的行为，不要伤害他人，不要欺骗他人，等等。

### 5.4.3 阿西莫夫的"机器人三原则"

科学技术的进步很可能引发一些人类不希望出现的问题。为了保护人类，1940 年，科幻作家阿西莫夫就提出了"机器人三原则"，阿西莫夫也因此获得"机器人学之父"的桂冠。

- 机器人不得伤害人类，或看到人类受到伤害而袖手旁观。
- 机器人必须服从人类的命令，除非这条命令与第一条相矛盾。
- 机器人必须保护自己，除非这种保护与以上两条相矛盾。

机器人三原则理论提出的半个多世纪以来，不断地被科幻作家和导演使用。但有趣的是，凡是出现三原则的电影和小说里，机器人几乎都违反了本条例。其中主要的一点就是机器人对"人类"这个词的定义不明确，或者是更改人类的定义。比如某个极端主义者，像 3K

党这样有反对黑人倾向的组织，利用电脑病毒等手段，把机器人对人类的定义改为"只有白人是人类"。这样，机器人很有可能成为种族屠杀的工具。

### 5.4.4　虚拟现实实验运用的三个简单规则

在阿西莫夫"机器人三原则"的启示下，德国汉堡大学人机交互研究组的弗兰克·施泰尼克（Frank Steinicke）为其实验室建立了虚拟现实实验运用的三个简单规则：

规则 1　人（包括动物）一定不能因为虚拟现实技术的运用受到严重伤害；

规则 2　虚拟化身一定不能受到严重伤害，除非有悖规则 1；

规则 3　沉浸一定不能对使用者隐瞒。

其中，规则 1 是不言而喻的，但具体的实施要建立在对相关伤害的事实调研和原因分析的基础之上；规则 2 的合理性基于个人沉浸于虚拟现实中的行为对其身心和行为倾向的影响，包括虚拟身体的拥有感、多重虚拟身份的认同等；规则 3 实际上是从一般的研究伦理中的知情同意权衍生出的，即受试者或参与者必须知道自己是否沉浸于虚拟现实，并且可以随时根据自己的意愿决定是否退出沉浸。毋庸置疑，这三个规则为虚拟现实技术划定了伦理底线，可以视为基本伦理原则。

## 5.5　关注现实世界的人性发展

元宇宙的道德体系建设与现实世界中人性的全面发展是分不开的。现实世界的人性发展，是元宇宙道德建设、社会治理与个体自觉相统一的根本。

实现元宇宙伦理道德的有效运行，实现元宇宙社会的他律与自律，实现元宇宙社会治理、社会调控、个体自觉和群体积极，这是元宇宙伦理道德体系建设的主要目标。元宇宙道德问题归根到底是现实世界的人性问题。

人类进步过程中，文明的正值效应和负值效应总是相伴而生，人性本恶还是人性本善已经争论了几千年，并没有形成共识。作为现代IT科技集大成者的元宇宙，是人类追求自我个性人格的结果，是人类追求自由的结果，也是人类追求不同人生体验的结果。由于元宇宙社会的数字化本质，当现实社会中人们感到悲苦与无助时，一旦进入元宇宙世界，就感觉自己的身心获得了极大的自由，有些人便随心所欲地发表言论，随意地获得各种不同的体验，甚至对他人造成伤害。

元宇宙不是法外之地，也不是现实世界不满的宣泄场。要实现元宇宙的一片净土，必须关注现实世界的人性发展，让更多的人参与制定各种社会规则，提供培育良好的规则意识和健全人格的社会环境，这对于降低人们在元宇宙社会中放纵自己、滥用自由的可能性确有帮助。在现实世界，也要给人们更多的自由和更多的发展机会，对于构建良好的元宇宙道德体系也是有帮助的。只有当人们对自由和自律有深刻的理解，并对自我发展有更深刻的认识时，才会对元宇宙伦理道德体系达成共识，并逐渐转化为自己内心深处的道德准则，进而形成元宇宙道德体系和个人发展的良性循环。

## 5.6　元宇宙的法律界定

元宇宙的兴起，一下子催生了许多新术语，如数字人、虚拟人、数字资产、数字孪生、数字身份、数字交易、数字货币等，给元宇宙的法律界定也增加了难度。因此，需要我们从法律上厘清这些术语的内涵本质及其法律意义，同时赋予这些名词相对清晰的法律概念和语境。在此基础上，为元宇宙里各类主体和客体划清责权利的边界，划清罪与非罪的红线。

### 5.6.1　元宇宙里的法律适用

王运嘉认为，互联网非法外之地，元宇宙自然也非法外之地。线下不合法的，线上肯定不合法；线下合法的，线上不一定合法。但是线下不能实现的行为，线上或许可以实现。例如，在现实世界里人类无法自由飞翔，但在元宇宙与虚拟世界里可以。不管是否可以实现，法或非法以及罪或非罪的边界，关键在于"映射度"，即元宇宙与现实世界的关联程度。

元宇宙这个数字世界的法律是由现实世界制定与实施的。当某人一旦被法院认定需要为其不当行为承担法律责任，即便这个行为是发生在线上或虚拟世界里，这个人也无法免责。一般来说，元宇宙的法律依然可以沿用现实世界的法律，毕竟元宇宙所发生的一切依然是由现实世界主宰的，法律的执行也要落实到现实世界里的人与物。

### 5.6.2　化身的法律责任界定

元宇宙场景的法律主体除场景内的主体外，还需加上场景外的运营主体，即运营场景的人或法人。我们还是采用前文所说的映射度来分析元宇宙各可能场景的化身的法律责任界定。一般认为：只要映射度达到一定程度，现实主体都得为其元宇宙化身的不当行为承担相应的法律责任。按照这个原则，我们来试着分析一下各个场景下化身的法律责任。

（1）电影场景的法律责任

电影的内容本身就是一个虚拟场景，但是电影中所发生的一切活动与现实世界没有关联关系，因此，不管电影里发生什么行为，均与观众无关。一般来说，除极个别情况，电影里的一切行为也不会侵犯到观众的法益。这里所说的极个别情况，包括电影中有过分的淫秽、暴力等现实世界里法律所禁止的内容。此时，电影的运营者或提供者得承担相应的法律责任。简单理解，就是在影视作品里演坏人的演员，不因为在电影里杀人放火而需要承担现实世界法律的制裁。

一般来说，除极个别情况外，电影里的"人"（演员所扮演的角色）不是人，而只是广义意义的"物"（图像和视频），不具有人身法益。这里所说的极个别情况，是指电影里的"人"与现实世界的某个"人"存在一定程度上的映射度。简单理解，如果把霍元甲演成了一个大坏蛋，而霍元甲是真实存在的人，不是虚构的人物形象，那么将需要承担现实世界的法律制裁。

（2）电子游戏场景的法律责任

在单人版"打怪游戏"的元宇宙场景中，这个场景里的"人"即为用户的化身（游戏用户控制的游戏角色）。该化身可以在元宇宙游戏场景里大开杀戒而不用承担任何法律责任，这是因为被杀的对象与现实世界没有任何映射度。与电影一样，游戏的运营者或提供者得为游戏的不当内容承担现实世界的法律责任。

在多人版电子游戏的元宇宙场景，虽然每名玩家在游戏里都有其对应的化身，但一般来说，各玩家的化身与现实世界映射度几乎为零，因此，除极个别情况外，玩家不需要因为其化身在多人元宇宙游戏中的不当行为而被法律追责。这里所说的极个别情况，包括游戏的内容涉及法律所禁止的不当内容，或者玩家通过多人元宇宙游戏进行法律所禁止的赌博等行为。

（3）视频会议场景的法律责任

视频会议可视为一个映射度极高的虚拟场景。会议中的化身与现实世界的人具有极高的映射度，因此现实世界的人必须为其视频会议中化身的一言一行承担法律责任。

例如，甲的化身在虚拟会议场景里辱骂乙的化身，甲就可能侵犯了乙的民事和刑事法益，因此甲需要承担相应的法律责任。再如，假设每位参会者都穿戴了体感手套，甲的化身与乙的化身在虚拟会议场景里握手言欢，甲的化身不慎用力过猛，造成乙的手指骨折，甲就要为此承担损害赔偿的民事责任。

### 5.6.3 元宇宙资产的法律界定

元宇宙资产的法律界定，与化身的法律界定一样，其关键仍然在于映射度。一般来说，我们把元宇宙资产分为数字化资产与数字资产。

(1) 数字化资产

数字化资产即现实资产的数字化，也就是将现实世界里的资产以数字的形式表现出来。例如，网络银行里的存款即为现实银行里存款的数字表现。所以，一定是先有现实资产才会有数字化资产，如果二者之间不一致，则以现实资产为准。此外，数字化资产的灭失不一定会导致现实资产的灭失。换言之，只要现实资产依然存在，则可还原数字化资产。

(2) 数字资产

数字资产即为数字本身，只不过该数字具有经济价值，数字本身的灭失将导致资产的灭失。用 Word 软件创作的一本小说就属于数字资产。如果这个 Word 文件没有复制品，那么该 Word 文件灭失，则该数字资产也就随之灭失。比特币也属于数字资产，该资产的数字载体是私钥。曾盛极一时的加密猫也属于数字资产，其数字载体也是私钥，但是，它属于 NFT 的一种，而比特币则属于 FT。

### 5.6.4 虚拟身份的主体地位

在元宇宙中，化身第一次以主体的形式参与到元宇宙这个数字世界，因此化身与以往的账号有本质区别，其主体资格存在一定的争议。

(1) 主体资格的争议

刘成墉认为：元宇宙的化身，即现实世界的人在元宇宙中的虚拟身份，其法律属性在法律界存在争议。虚拟身份属于民事权利主体还是民事权利客体，尚未达成统一的认识。所谓的"民事权利主体"，即民事法律关系的主体，是能够依法参与民事法律关系、享有民事权利和承担民事义务的当事人，包括自然人和法人，可以享有民事权利能力和民事行为能力。所谓的"民事权利客体"，即民事法律关系的客体，乃民事法律关系主体享有的民事权利和承担的民事义务所共同指向的对象，包含物、行为、智力成果与人身利益等。

在前述理解之下，有人认为虚拟身份乃物理世界中真实主体所拥有的一种权益，与物理世界的互联网账号一样应被划分为"财产"权益，亦即属于账号持有人所拥有的一种民事权利客体；也有人认为，真实主体在元宇宙中所创造的虚拟身份，一经创造出来就如同"数字婴儿"，成为一个民事权利主体，乃独立于真实主体之外的虚拟主体，具有独立"法律人格"地位的数字主体。

（2）具有独立法律人格

关于虚拟身份属于民事权利主体还是民事权利客体的争议，两种说法都各据其理，但若从虚拟身份的特征加以分析，虚拟身份具有民事权利主体地位（法律人格）的说法更加合宜。

传统的互联网账号仅是真实世界中账号持有人的一个"标识"，与该账号往来的行为主体可以明确知晓其往来的对象并不是账号本身，而是账号的"持有人"。但是，元宇宙用户创造的虚拟身份乃是元宇宙中的参与主体，由虚拟身份与其他虚拟的数字主体直接交流，故虚拟身份不仅仅是一个在线账户或在线游戏角色，更具有元宇宙中的主体地位。

据此，虚拟身份应具有相对应的"法律人格"，方能支撑起虚拟身份在元宇宙中所从事的各种行为、所建构起的各种社会关系。所谓的法律人格，乃是作为一个法律上被认定为人的法律资格，一般被赋予法律人格的对象包含人、团体、机构和诸如此类的组织等；具有法律人格后，相关主体即拥有维持和行使法律权利、服从法律义务和责任的条件。虚拟身份在诸多方面与互联网账号不同，应在法制上认定其是与真实主体相区别的、具有法律人格地位的数字主体，方为妥当。

从另一角度来说，物理世界中的元宇宙用户一般会摆脱物理世界中真实身份的羁绊，创造出与自己差异较大的虚拟身份，包含不同的名字、性别、个性、外貌、技能、社会地位等，并以该虚拟身份为主体在元宇宙中从事生产、消费、互动交流等各种行为。同样地，与该虚拟身份交流的其他虚拟身份，也是由其他元宇宙用户摆脱物理世界中真实身份的羁绊后所创造的数字主体。因此，不同的元宇宙用户在控制虚拟身份在元宇宙中交流时，元宇宙用户的内心显然更倾向于支持虚拟身份（数字主体）与自己真实主体相区别的立场。元宇宙用户所在乎的，仅是其控制虚拟身份（数字主体）的往来对象，亦即其他虚拟身份（其他数字主体）所彰显的价值以及衍生出的各种社会关系，并不在意创造该数字主体的用户究竟为何人。因此，从这一角度而论，虚拟身份也应是具有独立权利的主体。

## 5.7 元宇宙的数据安全与隐私保护

### 5.7.1 隐私保护的历史

数据安全问题和隐私保护问题从来没有像今天这么严重。隐私的定义与内涵随着时代的变化而变化。最初，人类社会并没有隐私一说。那时候人类与其他动物并没有本质区别。随着人类使用工具、制造工具能力的提升，人们开始有了身体隐私意识，开始有意识地用树叶、树皮、兽皮等遮住自己的外生殖器官。随着生产力的进一步提升，捕获的猎物或收集的果实除了满足当天的食用，还有了部分剩余，于是在一部分人群中出现财产隐私。人们试图保护自己的私有财产，不让他人知道。在接下来的很长时间里，除了身体隐私和财产隐私，人类文明没有出现其他的隐私内涵。

生产力进一步发展之后，人类社会也发生巨大变化。部落开始消亡，国家开始出现，信息也成为一种隐私。举一个历史上非常有名的例子。秦始皇东巡到沙丘平台时去世，病逝前已写好让扶苏继位的诏书。这个消息，对于胡亥、赵高和李斯来说就是一个极度的隐私，千万不能让扶苏和蒙恬知道。

到了工业化时代，随着各种新媒体的出现，隐私保护的问题越来越严重。在报纸、电视为主要传播媒介的时代，明星的某些信息经常被披露，对明星的隐私保护产生了非常不利的影响。到了互联网时代，隐私问题不仅是明星等公众人物关注的话题，普通老百姓也经常遇到隐私泄露的问题。曾经在世界各地上演的人肉搜索，使无数普通人的隐私曝光于大众面前。

到了大数据时代，人们发现隐私保护又有了许多新的内涵。原本没有隐私内容的信息，经过大数据分析，都可能泄露隐私。2006年8月，美国在线（AOL）公布了大量的旧搜索数据以供社会研究。这些数据被作了精心的匿名化处理，采用特殊的数字符号代替用户姓名和IP地址等个人信息。尽管如此，《纽约时报》还是通过对搜索记录综合分析，在几天之内发现数据库中的第4417749号搜索日志是佐治亚州利尔本一位62岁寡妇塞尔玛·阿诺德的搜索记录。此事引起了公愤，导致美国在线的首席技术官和另外两名员工被开除。

2018年3月16日，Facebook被曝在2014年有超过5000万名用户资料遭剑桥分析公司非法使用，部分媒体将其视为Facebook遭遇的有史以来最大型数据泄露事件。Facebook的点赞行为可以透露出博主很多连家人朋友都不知道的隐藏信息。Facebook内部一直通过分析点赞行为来实现广告的精准投放。剑桥大学心理测量学中心可以从用户点赞哪些帖子和新闻，分析出其性别、性取向、宗教信仰、性格是外向还是内向、政治理念是自由开明还是偏保守、是不是种族主义者、会给哪个党派的候选人投票等。

法律要求数据的收集者隐去资料提供者的姓名等信息。比如，医学研究中收集的患者资料，遵循惯例都略去了患者的姓名、年龄和性别。但是，反向身份识别技术使这种惯例失去了意义。有关研究表明，仅需根据邮政编码、生日和性别，87% 的美国公民可以被准确地识别身份。很多人习惯在匿名的论坛、聊天室聊天，以为在匿名的情况下隐私得到很好的保护。其实这是一种极大的误解，虽然对外是匿名的，但是经过"技术实名制"，完全可以通过技术手段恢复用户在匿名情况下的实名信息。

元宇宙时代的隐私问题将比互联网时代更为严重。每个人都将时刻在线，其个人数据全在线上，遭受网络攻击或隐私泄露的风险更大。这也是我们把网络安全技术列为元宇宙的基础设施的原因。

### 5.7.2　中国隐私保护和数据安全相关法律

杨洪泉律师总结了与元宇宙隐私保护和数据安全、网络安全相关的法律，为发展元宇宙相关产业指出了应该注意的法律问题。

2021 年是中国数据保护的里程碑年份，作为个人信息和数据保护领域的重要参考依据，《中华人民共和国个人信息保护法》和《中华人民共和国数据安全法》正式出台，与《中华人民共和国网络安全法》共同构成了中国网络安全和数据保护的"三驾马车"。与此同时，针对特定行业细分的数据保护法规，如《汽车数据安全管理若干规定（试行）》也相继颁布；国家网信办也在抓紧制定与个人信息和数据保护有关的配套规定，如《网络数据安全管理条例（征求意见稿）》等。

### 5.7.3　元宇宙涉及的个人信息内容

关于个人信息的具体规定及分类，散见在不同的法律法规及标准中。《中华人民共和国民法典》中对个人信息的定义是"个人信息是指以电子或者其他方式记录的能够单独或者与其他信息结合识别特定自然人的各种信息，包括自然人的姓名、出生日期、身份证件号码、生物识别信息、住址、电话号码、电子邮箱、健康信息、行踪信息等"。

元宇宙的构建，需要以技术手段收集用户在现实世界中的各种个人信息以提升用户沉浸感，如个人姓名、性别、职业、职位、工作单位等，甚至是敏感个人信息，如人脸影像数据、个人健康生理信息（血压、心跳等）。此外，在元宇宙的虚拟交易中，还可能涉及收集个人的交易和消费记录、游戏类兑换码等虚拟财产信息等。

### 5.7.4 元宇宙涉及的其他敏感信息

《中华人民共和国个人信息保护法》第二十八条规定，"敏感个人信息是一旦泄露或者非法使用，容易导致自然人的人格尊严受到侵害或者人身、财产安全受到危害的个人信息，包括生物识别、宗教信仰、特定身份、医疗健康、金融账户、行踪轨迹等信息，以及不满十四周岁未成年人的个人信息。"

元宇宙将现实世界的场景，通过数字孪生技术映射到元宇宙的数字世界，因此将不可避免地涉及对道路、广场、公园等的形状、空间位置及属性进行测定、采集等处理活动，相关活动将属于《中华人民共和国测绘法》允许下的测绘活动，测绘活动涉及的一些地理数据可能具有高度敏感性，需要遵守国家的保密规定。

### 5.7.5 元宇宙的跨国数据转移

全球科技界都将元宇宙这一前沿业态视为未来数字产业的制高点，许多国家、地方政府以及龙头企业都积极布局元宇宙，试图在未来的元宇宙时代占据先机。一般来说，元宇宙具有高度的互动性、流动性，元宇宙不会局限于某个国家或地区，而是面向整个世界的。

目前，世界各国对数据跨境转移问题都采取了较为严格的监管措施。我国的个人信息保护法要求个人信息跨境转移需要满足事前评估、由第三方认证或签订标准合同等要求。数字的流动性也要求元宇宙全球化，因此必然会不可避免地与各法域的数据保护法规相冲突。

### 5.7.6　元宇宙下的网络安全

元宇宙时代的数据更为海量、多样、精准，融合了区块链、大数据等信息技术。这些数据网络化应用日益频繁，甚至会成为常态，所以网络安全问题也会更加突出。

《中华人民共和国网络安全法》作为中国网络空间治理安全的基本法律，对企业和个人维护网络安全等作出了较为详细的规定。其规定了关键信息基础设施运营者的相应义务，如在中国境内运营中收集和产生的个人信息和重要数据应当在境内存储。因业务需要，确需向境外提供的，应当按照国家网信部门会同国务院有关部门制定的办法进行安全评估。

此外，元宇宙、互联网涵盖了社交、内容、游戏等多场景，监管部门亦颁布了《网络信息内容生态治理规定》《互联网信息服务管理规定》《区块链信息服务管理规定》等针对特定领域的法规作为补充。严重违反网络安全保护义务的，甚至可能触犯刑法（如拒不履行信息网络安全管理义务罪、非法侵入计算机信息系统罪、非法获取计算机信息系统数据、非法控制计算机信息系统罪等），遭受刑事处罚。

总体而言，新的时代，需要新的数据保护和网络安全体系，监管与促进发展需要协同，在符合法律法规、公序良俗的基础上发展元宇宙，同时也在理念、技术、产品、系统体系、相关组织、法律法规方面不断动态优化，以促进元宇宙的良性发展。

## 5.8　元宇宙的科技监管

元宇宙的良性发展，需要国家层面组织完善跨部门、跨行业基础性制度建设，大力发展监管科技。蓬勃发展的元宇宙经济逐步深入地改变全社会的生产生活方式，也推动传统监管方式的转变。在元宇宙发展中，监管与自由是高度统一的，监管并不是为了限制元宇宙自由发展而存在，而是为了满足大多数元宇宙参与者的自由，维持元宇宙有效性的必要措施。

### 5.8.1　科技监管的必要性

卢洪波认为：在元宇宙发展过程中，监管科技是极其重要的新兴的技术保障，是元宇宙健康持续运行的关键。如果没有科技监管，就如同传统失效的市场，不可能实现理想中的元宇宙自由。

在元宇宙时代，每个人都可以进入元宇宙，而且每个人都可以有若干个化身，每天都产生大量的内容，这使得科技监管更加复杂、紧迫。元宇宙技术发展一日千里，内容稍纵即逝，人工监管的效率非常低下，同时可能导致元宇宙生态的运行失灵，造成不可挽回的损失。人工智能、大数据等技术赋能监管行业，能够形成完善的监管科技制度，问题将得到及时有效的解决。所以科技监管必须与元宇宙同步运行，只有这样，规则才能落地实施，将元宇宙发展中可能的风险控制在萌芽状态，保障元宇宙发展的平稳运行。

目前元宇宙技术和市场发展迅猛，科技监管的滞后性已经明显制约了元宇宙产业的发展。监管中存在监管盲区、监管缺位、监管失当的问题。监管盲区，即没有知晓和判断元宇宙出现的风险点，不掌握、不知道应该监管哪部分；监管缺位，就是存在问题未进行监管；监管失当，就是缺乏精细有效的监管手段，在实际中采用"一刀切"简单粗暴全部关闭的情况。

从长远来看，科技监管越有前瞻性、及时性、动态性、科技性，越可为元宇宙发展提供更多空间和自由。因此，有必要大力发展科技监管，解决监管体系中的诸多现实问题。

### 5.8.2 监管从来都不是简单地一禁了之

如何化解"一管就死、一放就乱"的难题,是国家治理中的重要课题。放开某一块市场,投机者就看到有空子可钻,于是蜂拥而入,市场乱象横生。监管层看市场太乱,情急之下就容易一棍子打死,于是投机者在公权力大棒下不敢妄动,市场又死了。

2015 年 5 月 12 日,国务院召开全国推进简政放权放管结合职能转变工作电视电话会议,首次提出了"放管服"改革的概念。2018 年 8 月 2 日,公安部宣布 9 月 1 日前全面推行公安交管"放管服"。2018 年 11 月 29 日起,公安部施行深化治安管理"放管服"改革措施,通过减轻企业经济负担、减免企业办事证明材料、建立企业内部安全随访制,进一步方便企业群众办事创业。2020 年 5 月 22 日,国务院总理李克强在国务院政府工作报告中提出,"放管服"改革纵深推进。

放管服,是简政放权、放管结合、优化服务的简称。"放管服"还要保证"放得下、管得住、服务好"。

- "放" 中央政府下放行政权,减少没有法律依据和法律授权的行政权;厘清多个部门重复管理的行政权。

- "管" 政府部门要创新和加强监管职能,利用新技术新体制加强监管体制创新。

- "服" 转变政府职能,减少政府对市场的干预,将市场的事推向市场来决定,减少对市场主体过多的行政审批等行为,降低市场主体运行的行政成本,提高市场主体的活力和创新能力。简政放权是民之所望、施政所向。

从历史上看,简单的一禁了之的监管方式,效果并不理想。秦始皇利用自己的绝对权威以及统一六国的丰功伟绩焚书坑儒,也没有达到"天下无异议"的目的。汉代初期,禁止民间藏书,民间藏书反而越来越多。监管从来都不是简单的禁止。

### 5.8.3 科技监管是刀锋上的舞蹈

(1) 英国的红旗法案

在汽车发展史上，英国颁布的"红旗法案"常常被当作一个法律阻碍创新的笑料。因为蒸汽汽车上街导致命案，1865 年，英国颁发《机动车法案》，规定在公共道路上行驶的机动车必须有 3 名操作人员，除司机和司炉外还有一名专职"红旗手"，其步行于车辆前方 60 码（50 米），手持一面红旗警示行人和马车，协助会车。这就决定了汽车的速度不可能超过人的速度。

此外，该法案还规定了机动车的时速。机动车在道路上行驶的速度不得超过 6.4 千米/时，通过城镇和村庄时则不得超过 3.2 千米/时。如果"红旗法案"继续执行，那么就不会有现在的汽车产业了。

(2) 郁金香泡沫

原产于中国的郁金香，由骑在骆驼背上的商人们通过丝绸之路带到了土耳其，16 世纪中叶从土耳其传入奥地利，然后逐步传向西欧。当时的世界强国荷兰很快就成了郁金香的主要栽培国之一。谁都没有想到，一朵小小的郁金香，搅得荷兰天翻地覆。

1635 年，一种叫 Childer 的郁金香品种单株卖到了 1615 弗罗林。在当时，1615 弗罗林可以购买 1500 多千克奶酪，或 13 头公牛。到了第二年，一株稀有品种的郁金香以 4600 弗罗林的价格售出，这相当于当时超过 4300 千克奶酪的价格。除此以外，购买者还需要额外支付一辆崭新的马车、两匹灰马和一套完整的马具。

1637 年新年前后，郁金香的期货合同在荷兰小酒店中被炒得盛极一时。到了 1637 年 2 月，倒买倒卖的人逐渐意识到郁金香交货的时间就快要到了。一旦把郁金香的球茎种到地里，也就很难再转手买卖了。人们开始怀疑，花这么大价钱买来的郁金香球茎开出花来到底能值多少钱？当人们信心动摇之后，郁金香价格立刻就开始下降。价格下降导致人们进一步丧失对郁金香市场的信心，于是恶性循环，导致郁金香市场全线崩溃。

1637 年 2 月 24 日，花商们在荷兰首都阿姆斯特丹开会决定，在 1636 年 12 月以前签订的郁金香合同必须交货，而在此之后签订的合同，买主有权少付 10% 的货款。这个决定不仅没有解决问题，反而加剧了郁金香市场的混乱。买主和卖主纠缠不清，荷兰政府不得不出面干预，拒绝批准这个提议。1637 年 4 月 27 日，荷兰政府决定终止所有郁金香合同。一年之后，荷兰政府通过一项规定，允许郁金香的最终买主在支付合同价格的 3.5% 后终止合同。按照这一规定，如果郁金香的最终持有者已经付清了货款，那么他的损失可能要超过当初投资数量的 96.5%。如果还没有支付货款的话，他很侥幸，只需支付合同货款的 3.5%，那么合同中的卖方就要遭受非常严重的损失。在这个打击之下，荷兰的郁金香投机市场一蹶不振，再也没有恢复元气。

（3）刀锋上的舞蹈

从英国的"红旗法案"和荷兰的郁金香泡沫可以看出监管的重要性。监管太强，很容易把创新磨灭；监管太弱或缺失，很容易导致市场混乱。最佳的科技监管是在科技创新与市场秩序之间找一个平衡点。而这个平衡点的寻找是非常困难的。科技监管不能往左偏，也不能往右偏。这个平衡点，像刀锋一样薄。正因为如此，庄松林院士才提到"科技监管历来都是刀锋上的舞蹈"。

最差的监管莫过于起初不监管，当市场秩序混乱的时候又开始采取最严格监管。"先极度松，后极度严"，过山车式的监管模式是最常见的，但是危害也是最大的，危害程度超过"一直极度松"和"一直极度严"的监管模式。"一直极度松"的监管模式，类似于汽车前进时把某些从业者碾压一遍，"一直极度严"类似于汽车后退时把某些从业者碾压一遍。而"先极度松，后极度严"则类似于汽车前进时把行业碾压了一遍，然后又倒车把行业碾压了一遍。

### 5.8.4 国际监管示例

美国由于具备卓越的人才优势、资本环境以及较为发达的技术优势，形成了以技术创新为主要驱动力的金融科技业态。美国金融市场竞争激烈，企业创新意识也相对较强。针对金融科技行业的监管，美国牢牢抓住金融科技的金融本质，把金融科技所涉及的金融业务，按照其功能纳入现有金融监管体系。对于现有法律法规无法覆盖到的金融科技新领域，政府也能及时适当调整立法。总体来说，美国对金融科技的监管相对比较严格，监管以稳定为主。

《2021年美国创新与竞争法》将"沉浸式技术"列为10个关键技术重点领域之一。2017年，美国成立了虚拟现实、增强现实和混合现实国会核心小组，确保国会尽其所能鼓励创新，而不是阻碍这些创新领域。2019年，美国出台《虚拟现实技术法案》，提议成立联邦政府内部现实技术可用性联邦咨询委员会。

然而，AR/VR技术及其应用很少得到更广泛的考虑，比如一些关于隐私的独特问题。AR/VR设备应用时，现实世界和虚拟世界存在重叠，但从未完全融合。党团会议联席主席苏珊·德尔贝尼（Suzan Del-Bene）担心，如果美国在隐私立法方面不迅速采取行动，其他国家将会填补监管方面的空白。

整体上国际社会关于元宇宙的科技监管法规不多，存在一定的监管盲区。而对于具有强大创新力的美国金融科技，适当偏严的监管有利于平衡发展需要。

欧洲缺乏互联网基因，也缺乏互联网生态。由于国家众多，人口基数小，欧洲很难出现大型互联网公司，其市场基本被美国互联网巨头占领。欧洲对美国巨头又爱又恨，其主要诉求是加强互联网监管，防范数字龙头企业利用垄断地位扼杀竞争活力，反感美国科技巨头在欧洲赚取巨额利润却仅缴纳微薄税款。

### 5.8.5 科技监管的挑战

很多人对科技监管有误解,总以为科技监管就是让程序员编一个程序,设定一些敏感词。其实,科技监管是一个复杂工程,既包含复杂的技术问题,也包括政策的制定、监管的流程、事后的处理等。

(1) 舆论监管越来越难

中国历史上第一次大范围的舆论监管应该就是秦始皇的焚书坑儒。之后,历史上各个朝代都有对舆论的监管,也有很多成功的案例和失败的案例。汉代初期政府不允许私家藏书,从历史角度来看,这并没有达到良好的监管效果。清朝的文字狱非常严格,也没有改变清朝的国运。

随着技术越来越发达,媒体的手段越来越先进,舆论的监管也越来越难。Web 1.0 时代,互联网的内容基本都是由新华社、人民日报、中央电视台等权威机构发布,每天的发布的内容质量很高,数量有限,监管相对容易,监管压力也不大,监管部门找几位专业人士,人工监管即可。到了 Web 2.0 时代,大量的内容是由非专业的用户产生,内容质量无法保证,数量又很庞大,于是人工监管失效,必须依靠科技的手段完成监管。Web 2.0 时代的内容,最初主要通过网络聊天室、BBS 论坛发布,随后出现博客、微博、微信等,但都是以文字为主。随着 4G 网络的商业化进程,音视频在手机上迅速传播,成为监管的主要对象。音视频的监管,技术难度远远超过文字的监管。

在元宇宙时代,互联网成为沉浸式体验的媒体形式,人们长期处于线上,数据的主要形式也不再是简单的文字、音频、视频,而是 3D 的沉浸式视频,给监管技术带来巨大挑战。

(2) 金融监管越来越难

在原始社会,人们的财产有了剩余之后,开始出现交易。最初的交易都是物物交易,随后出现一般等价物,绵羊、贝壳、食盐等都曾充当过一般等价物。这个时候还没有出现金融，更不需要金融监管。后来，几乎全世界都将黄金和白银定为最通用的一般等价物，这就是货币。

随着社会的发展，使用金银来充当一般等价物的不便之处越来越明显：不易分割、有磨损、不好鉴别等。于是一些大的钱庄开始在金银上标明重量，不管金银是否磨损，都可以按照标明的重量来交易，这给人们的交易带来了极大的便利。这个现象引起了官方的注意，于是开始出现各种"代币"来替换金银，如刀形币、铲形币、铜钱等。秦始皇的"秦半两"是中国历史上第一个统一的青铜货币。货币的铸造权成为国家权力的象征，只有合法的政府才拥有货币的铸造权。如果说这个时候有"金融监管"的话，那么金融监管主要是防止私人铸造货币。

宋代出现"交子"，这是世界上最早的纸币。纸币相比金属货币，有更大的优势：容易储藏，容易携带，容易识别，容易交易。纸币的出现，使得金融监管变得重要。纸币的成本相比金融货币小很多，完全靠国家信用背书。因此，此时金融监管的主要任务是防止纸币造假，以及控制纸币发行量。

到了工业化时代，荷兰开启了现代企业制度，也开启了现代金融体系和现代商业体系的先河：阿姆斯特丹证券交易所。意大利开启了现代保险制度，英国开启了现代信托业务等。随着电子计算机和互联网的普遍使用，现代金融体系都往互联网形式发展。这个时代的金融内涵异常丰富。金融监管的主要内容包括：对金融机构设立的监管；对金融机构资产负债业务的监管；对金融市场的监管，如市场准入、市场融资、市场利率、市场规则等；对会计结算的监管；对外汇外债的监管；对黄金生产、进口、加工、销售活动的监管；对证券业的监管；对保险业的监管；对信托业的监管；对投资黄金、典当、融资租赁等活动的监管。其中，对商业银行的监管是监管的重点，主要内容包括市场准入与机构合并、银行业务范围、风险控制、流动性管理、存款保护以及危机处理等方面。

2010 年诞生的比特币，开启了数字货币的新时代。虽然各国都没有宣布比特币的合法地位，也不确定未来的货币是什么形式，但是货币金银—金属—纸币—电子货币—数字货币的趋势不可逆转。元宇宙时代，数字经济的比重将急剧提升，实物产品的消费比例将日益萎缩，数字产品将成为人们消费的主要产品形式。元宇宙经济的运行必须使用基于区块链技术的数字货币，数字资产也必须通过基于区块链的 NFT 技术来标识，数字交易也必须在链上记录。元宇宙时代，金融监管的内涵更丰富，任务更艰巨，挑战更巨大。元宇宙的金融监管处于起步阶段，监管内容和监管方式都在探索中。

（3）经济监管越来越难

原始社会经济水平低下，大家能够吃饱肚子就不错了，几乎没有经济监管的工作。那时候的经济监管，充其量就是对部落公有财产的监管，相当于现在的会计＋仓库管理员的职责。

进入奴隶社会，经济监管也没有太多内容，但是有明确分工，如舜曾任命禹管平水土，弃管农事，垂管百工，益管山林川泽，契管教化，皋陶管刑罚，伯夷管祭祀，龙管发布命令，等等。

夏朝时期，疆域和市场比以前大了很多，所以这个时期出现职责分明的职能机构，专门负责管理市场，管理市场经济的官员称为啬夫。啬夫其实也没有太多工作内容，平时负责征收粮食。

我国古代经济管理，经过夏商周的萌芽，秦两汉的发展，到隋唐时达到高峰。在唐宋时期，中央对物价的管理体系是比较完善的，和今天的物价局类似。唐朝中期设立平准令、司市等，实行三贾司市，物价由专门官员或机构来评定，即官方来制定物价。三贾司市类似现在的政府指导价机制，是唐朝时期最具特色的物价市场管理体系，在当时来说是十分先进完备的。

当今社会，经济监管是政府的重要功能。经济监管的范围也扩大到计划监管、财政监管、税务监管、银行监管、物价监管、审计监管、工商性质监管、质量监管等。

虽然很难预测元宇宙时代的经济监管会增加什么新的范畴，但可以预见的是，元宇宙时代的经济监管会比任何时代都更重要。元宇宙时代，人们时刻在线、时刻交易，经济活动可能永不停歇，自动交易、智能交易、高频交易将变成常态，对监管的要求更高，监管缺失、监管不力造成的损失将比任何时代都严重。

（4）社会治理越来越难

在原始社会，人与人之间的关系非常简单，社会治理也相对简单。部落之间是敌对关系，各部落动态平衡或逐步兼并。部落内部是协作关系，由部落首领或长老处理部落内部的社会关系。

随着部落的逐步兼并，被兼并或俘虏的人沦为奴隶。随着原始社会的解体，氏族部落内部贫富分化不断加剧，富裕氏族贵族对贫困氏族成员的奴役也日益加深，其主要形式是债务奴役，无力还债的贫困氏族成员往往被债主卖到其他氏族部落充当奴隶。此外，惩罚罪犯、拐卖人口、家生奴隶等也是奴隶的重要来源。随着奴隶与奴隶主之间的矛盾和斗争日趋激烈，作为奴隶主阶级镇压奴隶和其他被剥削者工具的奴隶制国家应运而生。奴隶社会社会治理的主要内涵是镇压和剥削奴隶。

进入封建社会后，社会分化为地主阶级和农民两大阵营。中国封建社会以农立国，土地是最基本的生产资料和主要财富，土地所有制是封建制度的基础。封建国家或封建地主阶级占有大量土地，地主阶级大土地所有制与农民小生产相结合是其基本特点。从土地经营形式上看，主要体现为土地分散经营，地主尽管占有大量土地，但一般不直接经营，而是分散给农民租种，因而个体小生产性质相当突出。一家一户可以实现生产、消费、再生产的循环。中国封建社会的政治体

制为中央集权制，并普遍实行由秦始皇时代开启的郡县制。由于实行
中央集权制，单个地主的土地所有权及其地位虽然不稳定，却有利于
整个地主阶级、整个政治体制的稳定与延续。封建时代也发展了一系
列的伦理、道德、法律体系，来维护统治阶级的利益。封建社会社会
治理的主要内涵是维护封建王朝的中央集权，维护地主阶级利益。

现代社会治理，内涵和形式都发生了巨大变化。社会治理包括协
调社会关系、规范社会行为、解决社会问题、化解社会矛盾、促进社
会公正、应对社会风险、维持社会和谐等方面。促进社会自治，化解
理性经济人与非理性社会人的矛盾，规范社会行为，监督和监测社会
行为的社会效益。社会管理，主要是政府和社会组织为促进社会系统
协调运转，对社会系统的组成部分、社会生活的不同领域以及社会发
展的各个环节进行组织、协调、指导、规范，监督和纠正社会失灵的
过程。改善和保障民生问题不仅是政府履行社会管理职能的必然要求，
而且是政府行政必须优先实现的基本职能，也是需要社会和个人共同
努力才能解决的问题。

随着技术的不断进步，生产力水平不断提升，社会产品越来越丰
富，马斯洛需要层次理论中低层次的需要不再是社会生产的主要内容，
人们生产生活的主要内容是满足社交需要、尊重需要和自我实现需要。
元宇宙时代，人们的精神需求远远超过物质需求，社会交易的产品将
以数字产品为主，人与人之间的关系将以数字世界的关系为主，这种
变化也会带来社会治理的剧烈变化。在元宇宙时代，社会治理不仅体
现在对现实世界的治理，更体现在对数字世界的治理。

### 5.8.6　科技监管建议

中国科技发展环境相对包容，监管相对宽松。另外，相对欧美的
案例法体系，属于大陆法体系的中国对元宇宙科技的监管主要依靠成
文的法律法规，这给国内元宇宙相关科技提供了发展的空间。部分区

块链领域案件发生后，监管部门开始加强对科技的专项监管和引导。总体上，国内元宇宙监管还处于探索阶段，相对比较宽松，侧重点以发展为主，属于被动型的监管。

卢洪波认为，鉴于目前我国元宇宙多行业迅猛发展，建议在国家层面成立跨部委协调牵头小组，尽快研究元宇宙发展趋势，提前出台规范指导性文件，对超过一定金额的元宇宙虚拟房地产、数字艺术品资产等进行科学监管，设定一些监管科技门槛，防止杠杆化、份额化买卖和交易，并对元宇宙相关行业及上市公司进行规范化宣传和推介，防止系统性金融风险的发生。

（1）分清各主管部门监管职责范围

无论如何定义元宇宙，根据业务本质，对其中涉及的金融活动实施监管，已是共识。绝大多数国家和地区都要求金融科技创新必须遵循现有金融监管基本原则，以确保标准的一致性。那么，是否需要设立新的机构专门对元宇宙实施监管呢？目前各界普遍认为无须专设新机构，对元宇宙的监管完全可以沿用现有架构，根据机构或功能由现有的监管部门履行监管职责。但其中非常重要的一点是，在元宇宙发展的最初阶段，就需要有非常清晰明确的监管职责界定。而这一点无论对于发展中国家，还是发达国家，都并非易事。如何对元宇宙实施准确的分类，是否对其中的区块链、移动通信分别实施监管，如何在中央和地方之间划分监管职责，这些问题在各国的解决必然存在差异，其核心在于在现有监管框架之内厘清职责。

（2）鼓励元宇宙技术创新，优化监管模式

许多国家政府或监管当局已经或正在推出鼓励创新的一系列政策举措，大致可以分为三种模式，即监管沙盒（Regulatory Sandbox）、创新中心（Innovation Hub）和创新加速器（Innovation Accelerator）。三种模式可以独立运用，但也有国家将监管沙盒视为更广义的创新中心中的一个模块。

第一种模式是"监管沙盒"模式，即允许在可控的测试环境中对元宇宙的新产品或新服务进行真实或虚拟测试。该模式在限定的范围内，简化市场准入标准和流程，豁免部分法规的适用，在确保消费者权益的前提下，允许新业务的快速落地运营，并可根据其在沙盒内的测试情况准予推广。这一模式最早出现在英国。英国 FCA（金融行为监管局）于 2016 年 5 月正式启动"监管沙盒"项目，澳大利亚和新加坡 2016 年 6 月发布项目征求意见稿，预计未来更多的国家和地区会推出类似安排。

未来各国监管沙盒将具有一些共同特点：其一，无论机构是否受监管，都可申请进入监管沙盒。这一举措首次将众多作为"外来者"的科技公司纳入了监管大格局。一方面，有利于减少其创新产品的监管不确定性风险；另一方面，对于目前各国主要以机构维度确定监管范围的格局是否需要被打破，这是监管理念应对元宇宙科技快速发展的重大挑战。其二，申请者将就其提交的创新产品或服务得到监管部门个性化的建议或指引，这对监管部门理解和评估科技创新提出了很高的能力要求。其三，测试环境中将设置包括消费者保护等内容在内的基本监管要求。其四，测试过程中，监管者仍有可运用的监管工具和手段。最后这两点凸显了监管者在沙盒中仍应承担的风险监管和消费者保护职责。

第二种模式是"创新中心"模式，即支持和引导机构（含被监管机构和不受监管的机构）理解金融监管框架，识别创新中的监管政策和法律事项。这一模式已在英国、新加坡、澳大利亚、日本和中国香港等地得以实施。其中，既有一对一的辅导支持，也有面向更广泛受众的支持引导。但这一模式一般不涉及创新产品和服务的真实或虚拟测试。因这一模式可操作性更强，预计未来将有很多国家和地区推出类似的制度安排。

第三种模式是"创新加速器"模式，即政府部门与业界建立合作机制，通过提供资金扶持或政策扶持等方式，加快元宇宙科技创新的发展和运用。一些国家的"孵化器"安排也属于这一模式。

整体而言，目前各国当局都希望在本国建立良好的科技生态系统，通过政府、传统金融机构以及科技业等相关主体的沟通合作，建立及培育元宇宙相关产业，激发科技创新，吸引金融科技人才，提高金融市场与金融体系效率，并增进元宇宙消费者的满意体验。

在元宇宙科技良好生态系统的构建中，通过政策引导，鼓励大型金融机构与元宇宙科技公司各种形式的战略合作和融合，这是提升金融与科技快速融合的重要手段。目前国际上，各个大型金融机构和交易所都在迅速地开展与元宇宙科技公司的各种合作，包括金融机构购买元宇宙科技公司核心技术或商业模式、金融机构持有元宇宙科技公司股份、金融机构外包一部分业务给元宇宙科技公司等。可以预见，各国元宇宙科技发展得好不好，在很大程度上取决于传统金融机构与元宇宙科技公司之间的合作是否紧密。

（3）监管方法和工具

目前，建议相关执法监管机构对元宇宙涉及区块链的部分进行布局，通过对主流公链搭建全节点，对公链原始数据进行实时同步更新、清洗解析、存储入库，基于这些数据，实现对上述公链上所有交易及地址的分析。鉴于区块链网络匿名性，过往案件中最关键的突破点就是确认虚拟地址背后的使用者身份。在技术上可通过链下信息采集、链上交易关联、数据挖掘，对数亿虚拟交易地址打上标签，且及时更新。如有虚拟交易地址关联到相关主体，可以通过大数据找出该地址所属主体。同时可建设案件库，对相关已发生案件和已经形成司法判例的案件，生成涵盖案件类型、案件时间、涉案地区等完整信息的国内案件库。

建立高危地址库，对各类虚拟货币案件中涉及的地址和区块链上使用了混币服务等可疑行为的地址，进行归类和存档。考虑到一些案件会涉及跨境资产转移,需要对一些境外案件的地址进行入库。基于高危地址,可对链上交易进行风险评估,实现交易所资金监控、虚拟货币追踪溯源、案件资金规模智能分析、洗钱交易匹配、涉案 IP 定位等功能。同时,诸如链游、NFT 等新的链上动态也成为新的链上犯罪温床,需要给予关注,提前预防元宇宙发展可能出现的诈骗、洗钱等违法行为,实行技术监控和防范。

从国内大环境来看,无论是 2021 年 5 月的金融委会议还是 9 月的《关于进一步防范和处置虚拟货币交易炒作风险的通知》,都对我国清理、净化区块链乱象起到了极大的促进作用。但从执法机关办案角度来看,严格的监管会促使犯罪嫌疑人寻找更加隐匿的作案方式,从而加大执法机关案件分析、案件调证的难度。

元宇宙的科技监管,需要高校、科研院所、科技企业等联合开发监管技术,提高监管能力;也需要各级政府、各个智库、各领域学者群策群力,研究产业发展趋势,对元宇宙各赛道精准预判,制定符合元宇宙发展的战略规划、法律法规、规章制度等。元宇宙相关行业的健康发展,需各机构通力合作,联合监管,精准发力,防范未来可能出现的各类新型案件,促进元宇宙多行业协同提升、共同发展。

第 **6** 章

# 元宇宙发展伴随哪些风险？

元宇宙是一个新事物。一般情况下，新事物萌芽的时候都有很多不完善、不成熟的地方，需要专家研究如何发扬新事物正面的、积极的作用，抑制其负面的、消极的作用。

## 6.1　恶意炒作的风险

铺天盖地的媒体报道，曾经把人工智能、大数据、区块链等概念炒火了，现在又把元宇宙这个概念炒火了。媒体把某一些概念炒火的过程，也夹带了很多的风险。例如，媒体的过度炒作，使人工智能的产业发展不那么顺利。元宇宙相关上市公司的股价非理性飙升，元宇宙相关的创业公司估值很高。资本操纵和媒体操纵成了元宇宙未来发展的最大风险。

### 6.1.1　资本炒作风险

2021 年以来，元宇宙已逐渐成为投资者哄抢的目标之一，上市公司似乎沾上元宇宙概念，股价就能飙升，短短一个月实现翻倍的概念股比比皆是，部分标的的估值或已远远偏离合理水平。如此异常的波动也引发了监管层的极大关注，中青宝、盛天网络、大富科技、易尚展示等多家公司收到沪深交易所下发的关注函或问询函。

如此强劲的资金热捧背后，是科技发展带来改造世界的无限可能，还是强大的资金财团带来的"割韭菜"的序曲?

元宇宙是这两年最流行的科技术语，但产业发展还处于萌芽阶段。元宇宙概念是科技发展的必然趋势。现实世界越来越难以改造，元宇宙承载着人们改造世界的无限遐想。资本是一头嗜血的猛兽，需要源源不断的新鲜血液。因此，资本需要不断寻找新兴产业，快速开拓领域、加大投资，集中资源迅速做大，进而占据头部市场，获取领域的垄断利润。脸书、微软、字节跳动、腾讯等头部公司已开始争夺未来市场的话语权。

热抢 Decentraland 和 Sandbox 的虚拟土地拍卖，对"无聊猿"的天价头像竞相购买，加密朋克最高售价超 5 亿美元，《每一天: 最初的

5000 天》在佳士得拍卖行以 6934 万美元成交，加州大学伯克利分校的虚拟世界毕业典礼，2770 万人在《堡垒之夜》观看了游戏内演唱会……这些与其说是元宇宙的落地应用，更像是资本为了推动行业概念成长所做的阶段性变现战术。对于普通人来说，持续关注，谨慎投资，做时间的朋友，不妨"让子弹飞一会儿"。

目前元宇宙许多相关技术和商业模式都在探索阶段，Roblox、Meta、微软、腾讯、字节跳动等公司也都探索实现了游戏、社交、企业、媒体等赛道的经济闭环。在实现元宇宙愿景形态的过程中，还会有源源不断的商业化探索。现阶段由于技术发展的约束，元宇宙的雏形产品还存在很大争议，商业模式也存在较强的不确定性，短期的过度热捧更像是资本操作下的阶段性收割泡沫。

### 6.1.2  媒体炒作风险

媒体报道，对新事物的传播起到了积极的作用。然而，对于新事物，尤其是科技新事物，媒体人一般既不是创造者，也不是实践者，对其理解很难特别准确，对其未来发展趋势很容易受个别专家的影响。为了吸引眼球，或由于某些商业利益驱动，个别媒体会故意夸大新事物的优点，放大新事物的缺点，使得媒体报道容易偏离科技新事物本身的发展规律。特别是当媒体被某些利益团体所操控，新事物很容易出现被媒体操纵的风险。现在可能每个人都听到过元宇宙这个概念，这其实就是媒体运作的结果。

2016 年，AlphaGo 战胜李世石的事件，受到亿万中国人的关注，人工智能在中国迅速升温。大量媒体开始炒作人工智能，宣传未来人类的很多工作岗位都会被人工智能替代。这一下子让很多人对人工智能忧心忡忡，不知道该怎么办。

于是一些媒体把人工智能捧上天，另一些媒体则把人工智能踩入泥，只是在不同时期两类媒体各占上风。过山车似的媒体报道容易让大众失去对科技新事物的正确判断。媒体在报道元宇宙的时候，由于不知道其现有水平，不了解其发展趋势，也不知道哪些是可以实现的，哪些是很难实现的，哪些是有可能实现不了的，宣传就很可能掺杂个人的主观色彩。过度宣扬新技术带来的社会问题，让人们对科技新事物过于担忧，不利于新事物的发展；过度宣扬科技新事物的优势，让人们对科技新事物期望太高，也不利于新事物的发展。

媒体操纵是许多科技新事物走向衰败的重要原因。元宇宙随着 Roblox 的上市和 Facebook 的改名而被大众所熟知，媒体的宣传起到了很大的作用。目前媒体对元宇宙的传播，更多的是积极的、看好的。总体来讲，媒体的过度传播对元宇宙的负面影响正在凸显。媒体报道元宇宙的每篇文章背后可能都有其商业利益，语不惊人死不休的现象很严重。学术界对元宇宙的研究并不多，而产业界对元宇宙的诉求非常强。夹杂各种利益诉求的元宇宙声音经过媒体的放大，使人们在不同的元宇宙观点中开始迷失。媒体操纵风险可能会成为未来元宇宙最大的风险之一。

### 6.1.3　舆论泡沫风险

元宇宙已成燎原之势，大家已经能够很清楚地看到元宇宙是未来的必然趋势，但是都希望元宇宙是自己利益所指的趋势，于是全民皆元宇宙专家，所有人都试图抢占舆论高地。

元宇宙的话语权争夺现象非常严重，这也可以从搜索指数看出。2021 年 6 月之前，元宇宙的百度月均搜索指数为 0，谷歌月均搜索指数也小于 1。2021 年 9 月，百度搜索指数出现异常波动，11 月国内、国际指数剧烈攀升达到最高，短期内从无人问津一度跃为十几万百度热搜指数。

### 6.1.4　权威操纵风险

元宇宙虽然是分布式的，但现实世界是中心化的。举个例子，阿里巴巴在电商领域有头部地位，腾讯在社交领域有头部地位，抖音在短视频领域有头部地位。从某些方面讲，头部企业会有一些中心化的、权威的规则体系，保障平台的正常秩序。例如，如果有人在抖音上发布了一些不合时宜的视频，抖音平台会有监管措施。

元宇宙是分布式的体系，看上去其共识机制完美解决了个别节点操作系统的风险，但是在很多情况下，现实世界的垄断者可以利用其在现实世界的影响力达到控制元宇宙世界的目的，让技术上完美的共识机制失效。2021年2月，特斯拉在一份提交给美国证券交易委员会的文件中透露，马斯克购买了价值15亿美元的比特币。3月，马斯克发推表示，可以用比特币购买特斯拉，于是比特币价格一路走高。2021年5月13日，特斯拉已暂停接受比特币作为购买其汽车的付款方式。此举导致比特币迅速贬值，当日盘后比特币在短短40分钟左右暴跌超过3000美元，24小时跌幅近20%。另外，此前因马斯克带货大涨的柴犬币（SHIB）也暴跌，24小时跌幅一度超过40%。比特币虽然是去中心化的，但马斯克利用他在现实世界的影响力，低买高卖，获取了去中心化世界的大量利益。

所以，现实世界的垄断者利用其垄断地位操控元宇宙世界，是一个必须关注的风险。

## 6.2 元宇宙经济运行风险

在现实世界，中央政府可以对经济运行做战略规划、宏观调控、实时监测、有力监管。而元宇宙是一个分布式体系，采用区块链技术作为基座，没有中心化的节点。如何保障元宇宙经济体系的有效运行，既是一个技术问题，同时也是一个经济问题。

在元宇宙之前，尽管虚拟经济取得了长足发展，但基本都是相对碎片化、中心化的，且完全依附现实世界。直到元宇宙诞生，它与现实世界平行, 也无限逼近现实世界, 同时保持了一定的独立性, 虚拟经济才有了一个相对可行的落地路径。人们通过沉浸式的空间体验, 使用虚拟身份生活、学习、工作、娱乐, 甚至繁衍生息, 创作、生产、生活、交易等活动与现实生活中没有任何区别。元宇宙将成为稳固的经济模式, 涵盖工作和娱乐休闲, 发展已久的各种产业和市场, 例如金融、零售、教育、卫生、娱乐等领域, 都将出现变化。

但是, 蓬勃发展的背后也伴随着暗流涌动的经济风险。元宇宙经济是一种新的经济形态, 数字产品的生产、流通、监管与现实世界的实物产品差异很大。现有经济理论指导元宇宙经济时显得力不从心, 元宇宙运行规律需要新的理论指导。元宇宙经济是数字经济的高级阶段, 而当前对数字经济的理解本身就不是特别深刻。数字经济、元宇宙经济还有一个漫长的探索过程。

2016 年 6 月, The DAO 安全漏洞, 导致 5000 万美元的损失。2017 年 7 月, Parity 多签名钱包两次安全漏洞, 分别导致 3000 万美元和 1.52 亿美元的损失。2018 年 4 月, 由于一行代码的安全漏洞, BEC 代币被盗, 引发其 9 亿美元市值几乎归零……未来元宇宙世界, 更多的安全事故还将出现, 元宇宙的安全问题是一个不容忽视的问题。网络安全问题, 从来没有像元宇宙时代这么重要过。届时, 不排除一行代码的安全漏洞导致一个国家经济的崩溃, 甚至一个国家消失的事件发生。

元宇宙作为现实世界的平行数字世界, 不仅需要与现实世界实现信息维度的闭环, 而且需要实现价值维度的闭环, 实现两者链接的价值载体就是央行数字货币 (central bank digital currency, CBDC) 和全球稳定币 (global stable coin, GSC)。CBDC 是中央银行基于互联网、区块链、人工智能等数字技术发行的、具有现代货币本质属性的数字货币。现阶段链接元宇宙和现实世界价值维度的主要方式是 GSC。GSC 是非公共部门基于区块链发行的、与法定货币价格保持锚定的数字货币。

根据 GSC 保持价格稳定的模式，可分为基于"算法央行"模式的 GSC 和基于抵押经济体系的 GSC。

基于"算法央行"模式的 GSC 保持价格稳定的方式同中央银行调控货币供需动态平衡的方式基本一致。其进步意义在于借助代码实现这一过程的自动化和程序化，通过代码买卖基础货币以实现价格稳定，缺陷在于这种模式的稳定币共识程度较为薄弱，很容易沦为资金盘和庞氏骗局。货币发行与流通不仅是一个数据，它需要根据商品流通所需的货币量，也就是生产力和流通次数评估决定，由各国央行依法制定和执行政策，因此"算法央行"的政策风险极大。

基于抵押经济体系的价格稳定模式根据抵押资产是否上链又可分为链上抵押模式和链外抵押模式。链上抵押模式的风险在于其抵押资产的价格也在时刻变化和波动，并且抵押资产价格上升与下降具有不对称性：当抵押资产价格上升时，相同的抵押资产会生成更多的稳定币，同时抵押经济系统会提高借贷利率以抑制稳定币的过度投放；当抵押资产价格下降时，如何保证抵押经济系统的价格稳定就成为最大的风险因素。而链外抵押模式的资产并不上链，抵押资产被存托于区块链下的商业机构中，以美元、欧元、英镑等资产为主，其中美元资产的市场份额占了 95% 以上。曾备受关注的全球稳定币 Diem 也是基于这种模式。现阶段主流的链外抵押稳定币包括 USDT、USDC、GUSD、PAX、TUSD 等。链外抵押模式能否有效取决于储备资产是否实行透明严格的定期审计，以保证抵押资产足值，当出现挤兑时不会出现系统性风险。此外，用户规模和信任度、稳定币发行量等也是影响链外抵押模式的重要风险因素。

## 6.3 沉迷上瘾风险

哺乳动物和鸟类都会玩游戏，哺乳动物通过游戏学会捕猎，鸟儿通过游戏学会飞翔。游戏是人类的本性,对于人类来说,游戏是很容易上瘾的。游戏厂商或运营方也可以通过特定设置,达到让游戏者欲罢不能的效果。于是,许多玩家沉迷于游戏不能自拔,尤其是青少年玩家更是如此。

人类会不会沉迷于未来的元宇宙,不想回到现实世界呢?《聊斋·画壁》描述了这么一个美丽的故事:一个落魄书生朱孝廉,进京赶考时经过郊外的一座寺庙,寺庙东壁上画了一幅《天女散花图》,画里有一个美丽的少女。他忽然进入这幅画的世界里,与少女整日恩爱不能自拔,不愿意回到现实世界。

在元宇宙里面,类似《聊斋·画壁》的故事可能会出现。例如,元宇宙具有沉浸式体验,化身可以做得尽善尽美,集中大众的审美,甚至可以根据交流对象而改变化身的相貌,让人陷入元宇宙而不想出来。电视、电影、互联网刚出现的时候,类似的负面影响都曾经出现过。元宇宙作为沉浸式媒体形式,沉迷影响会更大。未来的元宇宙能够提供海量实时信息交互和沉浸式体验,而游戏是元宇宙最佳的场景,更容易造成玩家的沉迷。

清华大学沈阳教授团队发布的《2020—2021 年元宇宙发展研究报告》也指出:

> 元宇宙因具身交互、沉浸体验及其对现实的"补偿效应"而具备天然的"成瘾性",虽然我们的愿景是让人们在虚实之间自如切换,但所谓的沉浸式体验,极容易演变成网瘾,让人们沉迷其中而不能自拔。

有人认为人类将会有两种命运:要么是走向星际文明,要么就是常年沉迷在 VR 的虚拟世界当中,变成《黑客帝国》中浑身插满管子的怪物!

该观点主要表达人们还不具备驾驭能解放人性技术的能力，某种程度上也不具备控制资本的能力。在这种情况下开发元宇宙，极有可能会让元宇宙成为人们的"精神核弹"。因此，随着元宇宙的持续深度发展，沉浸式体验深度越深，游戏场景越丰富越开放自由，必然会存在沉迷风险。

## 6.4　技术不成熟风险

元宇宙是众多现代信息技术的集成创新结果，虽然这些年来，信息技术取得了长足发展，但是距离我们理想的元宇宙还有很大差距。整体来讲，现在元宇宙各层的技术都在起步阶段，还非常不成熟。

### 6.4.1　网络稳定性不成熟

Roblox 的 CEO 大卫·巴斯祖奇曾提出了元宇宙的八个关键特征：身份、朋友、沉浸感、低延迟、多样性、随地、经济和文明。虽然这八大关键特征还存在争议，但是低延迟和随地对通信网络提出了巨大挑战。

通信网络技术的持续提升，是实现用户对于低延迟感和高沉浸式体验的基础。目前商业化不久的 5G 网络，带来了良好的稳定性体验，但面对元宇宙对通信网络的要求，还显得力不从心，这要求通信网络不断升级。

（1）网络稳定性

游戏作为元宇宙最佳的场景载体，因为网络稳定性导致的丢包对游戏体验影响极大。通常情况下，我们在进行网络视频会议时，1% 的丢包率是可以接受的。但是，根据米歇尔等人 2011 年发表的《云端游戏：体验质量与用户视角》中包含的测试和结论，当丢包率大于等于 0.3% 时，网络游戏用户的体验感迅速降低。目前，大多数网络游戏供应商建议至少 10Mbps ～ 15Mbps 的下行链路速度，以获得 720P 分辨率。这种网速要求和显示质量对于手机游戏来说已经足够了，但对于想要在高清屏幕或者虚拟现实设备上享受终极沉浸式体验的元宇宙游戏爱好者来说还远远不够。

根据调研资料，元宇宙普及推广的场景应用，至少需要 5G 网络的全球覆盖，供 1Gbps ～ 10Gbps 的下行链路速度，以获得超高清 4K ～ 8K 的分辨率。为元宇宙多用户提供实时在线、流畅的深度沉浸式体验，预计至少需要 6G 网络的全球覆盖以及几乎无延迟的网络体验。目前各国已开始密集部署 6G 研发，有望在 2030 年左右开始商用。

（2）网络延迟

网络延迟也极大影响着网络游戏体验。根据诺基亚对网络游戏延迟的细分规则，智能手机体验网络游戏的理想延迟为 70ms，或者大约 30FPS 的两个完整帧。而具有强沉浸感的元宇宙游戏，通常采用 VR/头戴式等前端设备的交互方式，提出了至少需要 10ms 的游戏延迟这样的苛刻要求，因为延迟超过 20ms 可能会导致晕动病。

根据调研资料，5G 网络可以保障低于 10ms 的网络延迟、6G 网络可以保障微秒级的网络延迟。因此，5G 网络的全球覆盖率以及 6G 网络的部署商用进度，决定了元宇宙的发展速度和应用体验。

### 6.4.2　算力不成熟

元宇宙对算力要求非常高，3D 引擎、渲染平台、元宇宙平台都需要强大的算力支持，沉浸式体验越好，对算力的要求就越高。算力是元宇宙最重要的基础设施。构成元宇宙的图像内容、区块链网络、人工智能技术都离不开算力的支撑，算力支撑着元宇宙虚拟内容的创作与体验，更加真实的建模与交互需要更强的算力作为前提。

算力，也称计算能力，指计算机对数据的处理能力，由数据的计算、存储及传输三项指标决定。硬件计算能力、云计算及边缘计算能力的发展将进一步升级用户低延迟和高拟真的体验。硬件计算能力尤其是 GPU 计算能力的不断提升，一方面能够进一步升级元宇宙和云游戏的显示效果，使得更加拟真的场景和物品建模成为可能，并且增强渲染能力，降低元宇宙的延迟感；另一方面也有望推动机器学习、人工智能领域的探索和应用落地。通过云计算和边缘计算，一方面降低了对于终端设备性能的门槛要求，拥有实现更高渗透率的潜力；另一方面边缘计算节点的建设能够缩短信息流传输的距离，降低网络传输部分的时延。

根据国家工业信息安全发展研究中心 2021 年 9 月发布的《新一代人工智能算力基础设施发展研究报告》，国内新一代人工智能算力基础设施的建设依然面临着顶层制度建设和标准体系不统一的问题。其中最为突出的是：

①市场对算力的概念不清楚，导致建设方向和建设需求错位。

②行业定价标准混乱，针对人工智能算力基础设施建设的价格标准并未统一，各地同等规模项目的价格相差巨大。

③在建设思路上，我国大多数计算中心采取了算力性能发展优先，再拉动应用发展的策略，忽视上层应用迁移及兼容程度，导致算力系统的初期应用效率偏低，无法完全支撑全面的智能化应用场景需求。

④软硬件核心技术存在受制于国外、重复建设、高能耗等问题，也亟待突围。

为元宇宙提供计算能力的算力在供给侧、需求侧、流通侧面临着大而不强、供需错配和结构性矛盾突出三大问题。

①供给层面：算力发展呈现"大而不强"的态势，呈现出整体规模大、发展水平低的粗放发展态势。

②需求层面：算力资源分布存在供需错配现象。除少数科技巨头外，中小型企业缺乏专有算力平台，制约技术研发，无法满足业务需求。

③流通层面：区域间供需结构性矛盾突出、平台用户间算力资源衔接较难。

因此，算力压力主要表现在以下几方面。

①顶层制度建设和标准体系的统一问题。

②元宇宙对算力资源的需求会随着整个社会的全面入局而持续增长，上游产业链算力承载方会承担极大的压力。

③庞大的算力需求还对应着大量的电力能源消耗，会成为双碳战略落地的一大阻碍。

### 6.4.3　云计算不成熟

随着大型游戏的发展，云计算、云存储以及云渲染都得到了快速发展，成为元宇宙强有力的支撑。如何更好地向元宇宙提供实时交互式内容是如今云计算发展中需要考虑的问题。

### 6.4.4　人工智能不成熟

人工智能可以大幅提升运算性能，元宇宙中内容生产、内容呈现以及内容审查的高效运作都离不开人工智能。但是想要在元宇宙中实现最大限度的自由，AI技术就需要摆脱人工脚本的限制，向更高级的深度学习和强化学习发展，以实现在元宇宙中呈现出随机生成、从不重复的游戏体验，允许玩家自由探索、创造。目前来看，AI技术一直是政府着力支持的领域，经过几年的发展虽然有了初步的成效，但是符合元宇宙设想的AI在短时间内依旧是无法实现的。

### 6.4.5　AR/VR/MR/脑机接口不成熟

虚拟现实、增强现实、混合现实等技术都是为了给元宇宙带来更沉浸式的体验。目前这些接入设备价格普遍偏高，在显示和定位技术方面存在技术瓶颈，眩晕感严重。由于电池技术不成熟，目前的接入设备普遍笨重，待机时间较短。

VR/AR 设备的显示技术和定位技术研发难度较大，带来了调焦冲突、定位精度、纱窗效应等问题，直接影响体验的视觉舒适度，这是当前设备生产厂商正在着力解决的问题。

目前的 VR/AR 设备仍需不断升级，进一步轻量无线简便化，摆脱有线传输束缚，提升佩戴体验。

VR 设备续航能力差，在高帧率的内容运转之下，VR 设备电量只能维持约 30 分钟，但根据米哈游的运营记录，玩家平均在线时长超过 30 分钟，这意味着硬件续航能力的不足会影响用户对于游戏内容的体验，从而影响 VR 硬件设备和软件内容生态的发展。

脑机接口设备尚未成熟，该技术有利于提升沉浸感，可直接通过精准的电流刺激使大脑获得相应感觉，实现真正意义的完全沉浸。脑机接口技术正在成为科技巨头争夺的焦点，但目前主要应用于医学领域。元宇宙领域的脑机接口大部分还在科幻阶段。

### 6.4.6　区块链技术不成熟

区块链技术使元宇宙中的资产确权、流通、变现成为可能，使得虚拟身份认证成为可能，因此区块链技术也是元宇宙实现过程中不可缺少的一环。不过如今区块链的发展依旧处于初期阶段，监管问题也是去中心化技术发展的主要阻碍之一。

NFT 大多在区块链通道上发行，数字资产和经济体系的建立当前仍与数字货币价格相关，可能面对币值波动和各国监管的风险。

没有规矩不成方圆，元宇宙中没有监管的话，就可能会有资本垄断甚至资本暴力的出现，因此，元宇宙在未来的发展中一定会面临各国的监管。

## 6.5　知识产权风险

新事物会带来机会，而挑战也会伴随而来。除数据保护和隐私问题、货币和支付系统问题、算力压力和技术风险外，还存在知识产权的纠纷问题。

知识产权的纠纷问题主要包括合法性、侵权两方面。

### 6.5.1　知识产权注册的合法性

知识产权的注册，由政府设立的国家知识产权部门负责，我国由国家知识产权局负责。申请人可以是自然人、企业法人、事业法人、社会组织法人。

在美国怀俄明州，法律承认中心化自治组织的法律地位、认可有限责任公司可以转型为 DAO，因此 DAO 组织可以作为知识产权的申请人，合法直接拥有知识产权。但是在中国，所有法人组织都必须经过登记，只有国家承认的组织或个人才能申请注册知识产权，被看好用于未来区块链管理的 DAO 组织在我国尚未被法律认可，因此知识产权无法登记在 DAO 组织名下。

### 6.5.2　知识产权的侵权

2022 年 4 月 20 日，杭州互联网法院发布消息，当日审理了奇策公司与被告某科技公司侵害作品信息网络传播权纠纷一案，判决被告立即删除涉案平台上发布的"胖虎打疫苗"NFT 作品，同时赔偿奇策公司经济损失及合理费用合计 4000 元。

这就是传说中的我国 NFT 侵权第一案。侵害知识产权民事案件可主要分为著作权案件、商标权案件、不正当竞争案件三种类型，而元宇宙中涉及的知识产权侵权主要是著作权侵权，主要包括：

①破解和复制源代码侵权，即侵害游戏作品的计算机软件著作权。

②擅自发布游戏，即游戏网站未经许可，擅自发布游戏软件，侵害作品信息网络传播权。

③游戏中元素侵权，即未经相关权利人许可，在游戏中使用了他人享有著作权的卡通人物形象、画面或其他元素。

④游戏侵害作品改编权，即游戏基于其他小说、影视作品等人物形象、情节加以改编，侵害原作品作者的改编权案件。

⑤游戏公司间互诉侵权，主要涉及游戏公司的作品抄袭纠纷。

因此，知识产权纠纷在元宇宙领域始终是一个绕不开的话题。元宇宙是一个集体共享、自由创作的空间，并且基于 AR、VR、AI 和区块链等技术，未来极有可能创作出超出现有认知的人机交互方式或内容，这对于知识产权保护来说将是更大的挑战。

元宇宙是科技新事物，是襁褓中的婴儿。它有巨大的新生力量，但是也非常脆弱，也有很多问题。需要我们一分为二地看待。一方面，要认识到新事物不可阻挡，不能视而不见；另一方面，也要认识到新事物的问题和风险，防微杜渐，把风险降到最低。不能由于元宇宙有风险，就不发展元宇宙。

第 *7* 章

# 元宇宙走向何方？

元宇宙如同一个襁褓中的婴儿，是未来的发展方向，但还有很多不完善、不成熟的地方，需要学术界、产业界对其进行保护。学术界的专家学者做好元宇宙的技术研究、产业研究、政策研究、伦理道德研究、法律研究、经济研究，做好科普宣传工作，就是对元宇宙赛道最好的保护。对于产业界来讲，构思好的元宇宙使用场景，设计好的元宇宙商业模式，开发好的元宇宙产品，不炒作，不忽悠，遵纪守法，就是对元宇宙最好的保护。

很多人对元宇宙很迷茫，元宇宙是什么？元宇宙未来的发展趋势是什么？元宇宙未来会出现什么商机？有什么应用场景？

预测未来是一件非常有风险的事情，即便是像李淳风、袁天罡这样的千古奇人，也不敢直接预测未来会具体发生什么事情。《推背图》内容也含糊其词，美其名曰"天机不可泄露"。一般来说，所谓天机不可泄露，即不知道天机，或者天机本来就不存在。我不是未来学家，也不是江湖术士，更不是巫师或占卜大师，既不会算命，也不会看天象。但是科研工作者有义务对未来科技走势进行科学的预判，哪怕明知道有可能预测错误，从而导致学术声望下降。

如果理解了元宇宙就是下一代互联网，是互联网的一次大升级，那么很多问题就迎刃而解了。我们甚至不用清楚地知道什么是元宇宙，就可以从历史来预测未来。读史可以明智，知古可以鉴今。回顾互联网的发展历程，分析现在的元宇宙现状，就可以预测元宇宙的未来。

从 1969 年美国国防部的 ARPAnet 算起，互联网已经走过 50 多年的历史。回顾这 50 多年的浮浮沉沉，给人很多启示。这里再简单为读者梳理一下互联网的发展历程，方便大家对比理解元宇宙，见表 7 – 1。

表 7 – 1　互联网发展过程

| 时间 | 事件 |
| --- | --- |
| 1969 年 | Internet 最早起源于美国国防部高级研究计划署 ARPAnet，ARPAnet 是现代计算机网络诞生的标志 |
| 1982 年 | 太阳计算机系统公司诞生，SUN 实际上是 Stanford University Network 的缩写 |
| 1983 年 | ARPAnet 分裂为两部分，ARPAnet 和纯军事用的 MILNET |
| 1990 年 6 月 | NFSnet 彻底取代了 ARPAnet 成为 Internet 的主干网 |
| 1990 年 9 月 | 由 Merit、IBM 和 MCI 公司联合建立非营利的组织——先进网络科学公司 ANS |
| 1992 年 | 慧聪网（HK8292）成立，是中国一家 B2B 电子商务服务提供商 |
| 1993 年 9 月 | 中国公用分组交换数据通信网（ChinaPAC）开通 |

| 时间 | 事件 |
|---|---|
| 1994 年 | 中国公用数字数据网（ChinaDDN）开通 |
| 1994 年 4 月 | 中关村地区教育与科研示范网络工程进入互联网，实现和 Internet 的 TCP/IP 连接，从而开通了 Internet 全功能服务。从此中国被国际上正式承认为有互联网的国家 |
| 1995 年 | 中国公用计算机互联网（ChinaNet）与 Internet 互联，物理节点覆盖 30 个省（市、自治区）的 200 多个城市 |
| 1995 年 | 25 岁的杨致远和同学大卫·费罗（David Filo）在斯坦福大学读书期间，创建 Yahoo！ |
| 1997 年 | Google 成立，专注于互联网搜索业务并且迅速发展 |
| 1997 年 6 月 | 丁磊创立网易，2000 年 6 月在美国纳斯达克上市 |
| 1998 年 12 月 | 王志东创立新浪，2000 年 4 月在美国纳斯达克上市 |
| 1998 年 | 张朝阳创立搜狐，2000 年 7 月在美国纳斯达克上市 |
| 1998 年 11 月 | 马化腾创立腾讯，2004 年 6 月在中国香港上市 |
| 1999 年 | 网际快车（FlashGet）诞生，是第一款也是唯一一款为世界 219 个国家的用户提供服务的中国软件 |
| 1999 年 5 月 | 中华网成立，是中国成立最早的门户网站之一 |
| 1999 年 11 月 | 陈天桥创立盛大，2004 年 4 月在美国纳斯达克上市 |
| 1999 年 11 月 | 马云创立阿里巴巴，2014 年 9 月在美国上市 |
| 2000 年 11 月 | 李彦宏创立百度，2005 年 8 月在美国上市 |
| 2003 年 9 月 | 全球第二大社交网站 MySpace．com 成立 |
| 2005 年 | 杨致远用 10 亿美元加雅虎中国入股阿里，占股 40% |
| 2008 年 11 月 | 团购网站 Groupon 成立 |

　　1994 年互联网进入中国。最初的业态就是电子邮件业务。随后是门户网站服务、网络聊天室服务、电子贺卡服务等。2000 年出现门户网站集中到美国上市。我们现在主流的互联网服务公司 BAT，也均成立于 2000 年前后，这代表了主流的互联网服务，分别是搜索、电商和社交。

从 1994 年互联网进入中国，到 2000 年互联网泡沫破灭，这期间有太多互联网的浮浮沉沉。但总体来讲，这几年是中国互联网的起步阶段。经过互联网泡沫破灭并沉淀下来的公司，如百度、阿里巴巴、腾讯，成了互联网的最主流，新浪、搜狐、网易也都成了一线互联网公司。

最初的互联网应用几乎都是 to C 场景，现在回过头来看这些业务，都显得太简单，太没有技术含量，甚至都不应称之为应用场景。但这些应用确确实实存在过、流行过。

虽然元宇宙诞生于 1992 年的科幻小说《雪崩》，但作为一个科技术语，则诞生于 2021 年，因此一般把 2021 年称为元宇宙元年。那么，现在的元宇宙会有什么业态呢？

我相信，互联网时代有网吧业态，在未来几年的元宇宙时代，也应该会有与之对应的服务，姑且称之为"元吧"。网络接入未覆盖到每个家庭时，就需要一些集中点，实现互联网的接入服务，这些集中点就是网吧。元宇宙接入还没有成为每个家庭、每个人的基础服务时，也会出现元宇宙服务的集中提供点，这些集中点就是元吧。

互联网开始进入千家万户之后，中国的域名数量和网站数量急剧增加。2000 年，中国有 26.3 万个网站，上网人数 2250 万人。从 2005 年开始，中国的网站数量、上网人数、申请域名数都开始呈现快速增长态势。

互联网发展到一定阶段时，人们会大规模地建设网站。在互联网的早期，建设一个官方网站，需要几十万的建设成本。随着技术的成熟，官网开始实现模块化、标准化，网站建设的成本也逐年下降。到2015 年，这个业态已经非常成熟，人们普遍认为建设网站不具备技术含量，行业出现严重内卷。建一个官网的报价，也已经变成 5000 ~ 10000 元了。

在元宇宙时代，也应该有对应的业态，那就是建设元宇宙空间。

每家公司，甚至每个人，都可能拥有自己的元宇宙空间，就像互联网时代，企业有官网，个人有 QQ 空间一样。不是所有的企业或个人都能够在元宇宙赚钱，但是在元宇宙的早期，建设元宇宙空间一定是可以享受到红利的。

现在的元宇宙空间设计公司，其商业模式参考了房地产行业的装修公司，是按照面积来收费的。理解了这一点，那么就可以把百度希壤理解为是给城市建设公共场所的，如公园、电影院、美术馆等，而 xSpaces 是给单位盖集资房的，而网易瑶台就是建设各种会议场所的。

2022 年，几乎所有的博物馆、文物局、旅游景点、非物质文化遗产传承人、美术大师、音乐家……都在了解什么叫 NFT？怎么把自己的作品 NFT 化？怎么找到合适的平台售卖自己的数字作品？

1994 年，互联网进入中国。1999 年开始出现做 B2B 批发业务的公司阿里巴巴。2000 年，阿里巴巴拿到日本软银两千万美元的投资。同时慧聪网成立，与阿里巴巴展开竞争。2003 年慧聪网赴香港上市，市值超过 100 亿港币。从元宇宙与互联网的对比来分析，按照正常的估计，NFT 的火爆应该出现在 2027 年。为什么 NFT 的火爆会提前到来呢？可以从这几个方面来解释：第一，历史的发展从来不是直线的。第二，人们已经经过了电子商务的洗礼，很容易把电子商务曾经走过的路在元宇宙再走一遍。第三，已经有很多人接受了区块链，尤其是币圈的洗礼。

现在很多人不能理解，为什么一个无聊猿的头像能够卖那么多钱？就像曾经有人不能理解为什么 QQ 秀还可以收费？为什么玩电子游戏还要付费。

2021 年，元宇宙这个概念火起来了，于是虚拟世界、数字世界这两个术语也变得神乎其神了。许多媒体或虚拟人设计公司会把这种憧憬描绘得更加美好，让人们产生进入元宇宙的冲动。于是在元宇宙里，每个人都会有一个甚至若干个化身了。

很多人不理解化身，也不理解什么是虚拟人。学术上对化身和虚拟人的解释，可能会让读者更加迷茫。为了方便理解，读者可以把化身理解为 QQ 形象，把虚拟人理解为 QQ 自动客服的形象。既然连 QQ 形象都曾有许多人付费，未来的元宇宙怎么会没有虚拟人呢？怎么会没有形象设计师呢？理解了这一点，如果你是现实世界的美甲师、发型师、美容师、服装设计师……可能就知道在未来的元宇宙时代，你可以做什么了。

在一般人的眼里，文旅是用于休闲和陶冶情操的。直到元宇宙的出现，才让文旅第一次与科技靠得这么近。为什么元宇宙时代首先会火了文旅行业？我相信是疫情和元宇宙双重作用的结果。疫情让人们不能出门，而元宇宙又给了人们在虚拟世界沉浸式体验的幻想。这两者的结合就是元宇宙旅游。自然景区的旅游，用元宇宙实现起来相对复杂，技术可能还不那么成熟。文化旅游切入点更具体，更具有体验性，景区的诉求又非常旺盛，自然是需要优先发展的赛道。

从用户需求来分析，元宇宙用于教育、培训体验会更好，价值会更大，但是为什么教育、培训并没有成为元宇宙优先发展的赛道呢？主要原因有两点。

第一，学校对元宇宙教育培训的诉求远远没有景区那么迫切。由于疫情的影响，景区几乎没有游客，失去游客就等于失去了收入来源，而疫情对学校的影响并不大，有能力、有意愿开发元宇宙培训内容的公司一般是那些科技实力雄厚的线上教育公司。

第二，大量的课件要从现有的传统课件转化为元宇宙课件，内容的制作成本很高，技术难度较大。相信那些长期从事教育、培训行业元宇宙内容制作的公司，在疫情结束后将成为元宇宙的宠儿。

2012 年 11 月，易观国际董事长兼首席执行官于扬，在易观第五届移动互联网博览会上首次提出"互联网＋"的理念。他认为，在未来，"互联网＋"公式应该是所在的行业的产品和服务，在与未来看到的多屏全网跨平台用户场景结合之后产生的一种化学公式。而怎么找到所在行业的"互联网+",则是企业需要思考的问题。

从1994年互联网进入中国,到2012年提出"互联网+",这个过程用了18年。在这18年中,互联网首先是从to C的场景切入的。一般来说,to C的场景天生就有很好的媒体效应。To B的场景由于只涉及某一个行业的很窄的用户群体,所以很难有to C那种媒体传播效果。哪怕在这18年中,互联网已经在产业界有了很多的应用场景,也没有被公众所熟知。

To C的场景天生自带媒体光环,而to B的场景媒体传播性非常弱。因此"互联网+"真正落地,需要等到to C场景的流量已经被互联网巨头瓜分,行业出现严重内卷,新企业很难获得流量。2012年,互联网巨头的流量并没有见顶。2014年兴起的移动互联网,又带来了新的互联网流量。于是,2012年,于扬提出的"互联网+"概念并没有获得太多人的关注,直到2015年马化腾把这个概念再次提出。

现在还只是元宇宙的起步阶段,元宇宙各赛道都是一片蓝海,元宇宙to C的场景也刚刚开始,大量的元宇宙流量亟待瓜分。但是人们已经经历了互联网和移动互联网的洗礼,站在历史的巨人肩膀上,可以很清楚地预判未来各行各业也一定会与元宇宙相结合。从互联网的出现到"互联网+"概念的提出用了18年,到"互联网+"的落地则用了21年。从2021年的元宇宙元年,到"元宇宙+"被热捧,我相信最多只需要2~3年。如果有更多的人阅读了本书,我相信他们会很快找到"元宇宙+"的密码,产业元宇宙时代将很快到来。

2012年,国际商业机器公司(IBM)提出数字化转型,强调了应用数字技术重塑客户价值主张和增强客户交互与协作。自2017年以来,我国政府连续将"数字经济"写入政府工作报告,并在"十四五"规划纲要中提出"以数字化转型整体驱动生产方式、生活方式和治理方式变革",数字化转型从企业层面上升为国家战略。

如果说流程透明化、管理网络化、决策数据化等是数字转型的主要特征，那么沉浸式体验就是元宇宙化的主要特征。数字化是让数据参与决策的过程，成为决策的主要依据，从而实现决策线上完成，提高决策、管理、生产和服务的效率。而元宇宙化是在数字化的基础上，让生产、管理、服务、决策的每个环节都可见、可感知。从这一点上讲，元宇宙化就是数字化在沉浸式体验方面的升级。

元宇宙与星辰大海的关系，最早是由个别媒体以刘慈欣的口吻发表如下观点：

> 人类的未来，要么是走向星际文明，要么就是常年沉迷在 VR 的虚拟世界中。如果人类在走向太空文明以前就实现了高度逼真的 VR 世界，这将是一场灾难。

元宇宙被视为互联网转型的开始。作为极具科幻色彩，且本身就来源于科幻作品的元宇宙，与科幻就有了紧密联系。国内科幻第一人刘慈欣老师也被称为"中国第一位元宇宙架构师"。元宇宙的批评者也喜欢借着刘慈欣老师的名义，来宣传"刘慈欣怒怼元宇宙""刘慈欣称元宇宙将引导人类走向死路"的消息。谈及这些传闻，刘慈欣曾对中青报记者说："没说过。此前，我没有对元宇宙发表过评论。"

既然元宇宙已经由一个科幻词语变成了一个科技术语，那么科学家就应该对其进行一些必要的预测。从历史来看，人类的文明历史就是追求虚拟化过程的历史，这个观点在前文中已有很多描述。当人们满足了底层的需求之后，就会转向追求上层的需求，也就是精神层面的需求。随着社会生产力的发展，人类文明的进步，精神方面的需求或虚拟化的需求将越来越旺盛。这个趋势既不可逆，也不可阻挡。

同样，人类的文明历史也是追逐星辰大海的历史。最初人们看到风云雷电开始试图解释这种现象。我国汉代张骞出使西域，明代徐霞客"朝碧海而暮苍梧",哥伦布发现新大陆,麦哲伦实现环球航行,到今天探索太空的无数努力……人类探索星辰大海的历程从未停止。宏观层面,人们要遨游太空;微观层面,人们要分析分子、原子、质子、中子、夸克。物质层面,人们要探索宇宙;精神层面,虚拟世界的探索对人类而言怎么会是死路一条呢?

元宇宙是未来互联网的一次全面改造升级,因此原来互联网所涉及的业态和所影响过的行业,都将在元宇宙时代再升级一次。大家可以想象元宇宙是一个多么浩大的工程。

近一百多年以来,我国科学技术落后于西方,在通信、计算机、人工智能、大数据、区块链等很多方面都是跟随者,在个别技术领域,通过模仿和跟进实现了逆袭。尤其是互联网应用技术和产业场景方面,我国已经做得非常好,开始引领世界。

有了一定的技术积累,为保证与美国等先进国家不会相差太远,需要进行技术跟进。我国在个别技术领域积累非常深厚,甚至已经超过美国等发达国家,走上了逆袭之路。"模仿—跟进—超越"是很多国内技术的发展路径。

在元宇宙时代,中美两国各有优势。美国技术深厚,创新环境好。中国场景丰富,市场庞大。我国互联网行业这些年的发展,给了中国发展元宇宙的信心。互联网产业把中国一百多年来做不好科技产业的自卑心理去掉了,还有了互联网时代的"新四大发明"。我国的互联网应用水平是超过美国的。抖音短视频是我国的原创;共享单车也是我国的特色;我国的高铁水平也是美国所没有的;我国的电子商务水平也远远高于美国等发达国家。中国的互联网产业发展水平也较高。互联网行业是为数不多的本土企业能够占据优势的行业。搜索、外卖、电子商务、社交等业务,都是由本土企业占据统治地位。

从互联网技术层面来分析,中国距离美国还有较大差距。互联网早期的发展几乎没有中国的参与。现在,我国在人工智能、大数据、区块链等技术领域，也确实不如美国。在未来的元宇宙时代，我们在技术上超过美国难度也很大，甚至不大现实，但至少会同美国处于同一梯队，领先于其他国家。

互联网的技术，我国不如美国，而互联网的业务，我国比美国做得好很多。在元宇宙这个赛道，我认为，中国会超过美国，或者说中国会引领世界。中国在元宇宙领域不会走原来"模仿—跟进—超越"的老路，中国会一直引领世界。

在农业社会，人口是第一生产力。尤其是在热兵器还没有出现的时候，人口众多一般就意味着国家强大。这也解释了为什么春秋战国时期各个诸侯国都会想方设法吸引人口、鼓励生育。

到了工业社会，科学技术成了第一生产力。即便是地域很小，人口不多的国家，只要掌握了最先进的技术，也有可能成为世界强国。西班牙、葡萄牙、荷兰，其国土面积都非常小，但相继成为世界强国。

到了信息时代，科学技术依然非常重要，但产业的发展水平与科技的水平已经开始不成正比。纷繁的使用场景、众多的体验人群、庞大的市场、海量的数据积累，是产业成功的秘密。欧洲发达国家比较多，科技水平都相对先进。但是在互联网时代，其产业发展都不尽如人意，这不仅与欧洲各国对互联网的傲慢态度有关，也与严格的隐私监管有关，客观上的原因还是因为欧洲分裂状况。欧洲的面积与我国差不多大，但是分为了几十个国家。不同国家语言和文化存在差异，市场较小，不能为互联网场景提供庞大的体验人群和市场空间。因此，即便欧洲许多国家互联网技术水平比我国高，其互联网产业发展水平也不如我国。

到了元宇宙时代，创意的作用将越来越大，成为社会发展、经济发展的第一推动力。我国的优势将得到淋漓尽致的表现。我国有灿烂的文化和光辉的文明，不管是《山海经》《封神榜》《西游记》，还是《孟姜女哭长城》《白蛇传》，抑或是《刘海砍樵》《天仙配》，都极具浪漫主义色彩。这五千年的文明积淀，让我们有无穷无尽的文化元素，供我们生产大量优质原创内容。这是其他国家所没有的。

中华民族是一个创意十足的民族。很多人都说中国人不善幽默，我并不认可这个观点。我认为中国人很懂幽默，有很多创意，只是幽默和创意的方式与西方国家不同。中国的文化底蕴、中国的创意能力在互联网平台表现得淋漓尽致。我国 14 亿人的智慧、14 亿人的创意，也远远超过其他国家。我国幅员辽阔，政治清明，56 个民族和谐相处，这也是我国元宇宙将形成良性生态的根本原因。

# 附录　本书互联网用语释义

| 3D GIS | 三维地理信息系统 |
|---|---|
| AI | Artificial Intelligence，人工智能 |
| AIGC | AI Generated Content，AI 生产内容 |
| AIoT | Artificial Intelligence & Internet of Things，人工智能物联网 |
| All in | 原为扑克游戏中的术语，意为全部押进 |
| AR | Augmented Reality，增强现实 |
| B2B | Business to Business，企业对企业 |
| BAT | B 指百度，A 指阿里巴巴，T 指腾讯 |
| C2C | Consumer to Consumer，个人对个人 |
| CG | Computer Graphics，计算机动画 |
| CPU | Central Processing Unit，中央处理器 |
| DAO | 去中心化自治组织 |
| DevOps | 过程、方法与系统 |
| DNA | Deoxyribonucleic acid，脱氧核糖核酸 |
| E2E | End to End，端到端 |
| ETF | Exchange Traded Fund，交易型开放式指数基金 |

| | |
|---|---|
| FT | Fungible Token，同质化代币 |
| GIS | Geographic Information System，地理信息系统 |
| GPU | Graphics Processing Unit，图形处理器 |
| GSM | Global System for Mobile Communications，全球移动通信系统 |
| ICO | Initial Coin Offering，首次代币发行 |
| IC 卡 | Integrated Circuit Card，集成电路卡 |
| IoT | Internet of Things，物联网 |
| IP | Intellectual Property，知识产权，现含义已有引申 |
| IPO | Initial Public Offering，首次公开募股 |
| MD5 | Message-Digest Algorithm Version.5，一种消息摘要算法 |
| MR | Mixed Reality，混合现实 |
| NFT | Non-Fungible Token，非同质化通证 |
| NPC | Non-Player Character，非玩家角色 |
| O2O | Online to Offline，线上到线下 |
| P2P | Peer to Peer，个人对个人 |
| PaaS | Platform as a Service，平台即服务 |
| PCG | Personal Computer Games，电脑游戏 |
| PGC | Professional Generated Content，专业生产内容 |

| | |
|---|---|
| RFID | Radio Frequency Identification，射频识别技术 |
| RPA | Robotic Process Automation，机器人流程自动化 |
| SHA | Secure Hash Algorithm，安全散列算法 |
| SIM | Subscriber Identity Module，用户标识模组，即用户识别卡 |
| to B | to Business，面向企业 |
| to C | to Consumer，面向消费者 |
| UGC | User Generated Content，用户生产内容 |
| UWB | Ultra Wide Band，超宽带 |
| VR | Virtual Reality，虚拟现实 |
| Web | World Wide Web，全球广域网，也称万维网 |
| Wi-Fi | 无线通信技术 |
| XR | Extended Reality，扩展现实 |

# 参考资料

1. 尼尔·斯蒂芬森. 雪崩. 郭泽, 译. 四川科学技术出版社, 2009.

2. 李泽厚. 伦理学纲要. 人民日报出版社, 2010.

3. 康德的道德哲学. 牟宗三, 译. 西北大学出版社, 2008.

4. 潘洪林. 科技理性与价值理性. 中央编译出版社, 2007

5. 艾萨克·阿西莫夫. 银河帝国8: 我, 机器人. 叶李华, 译. 江苏文艺出版社, 2012.

6. 中国科学院. 2017 高技术发展报告. 科学出版社, 2017.

7. 维克托·迈尔-舍恩伯格, 肯尼思·库克耶. 大数据时代. 盛杨燕, 周涛, 译. 浙江人民出版社, 2013.

8. J. 胡伊青加. 人: 游戏者. 成穷, 译. 贵州人民出版社, 1998.

9. 简·麦戈尼格尔. 游戏改变世界: 游戏化让现实变得更美好. 闾佳, 译. 浙江人民出版社, 2012.

10. 蒲松龄. 聊斋志异. 骆宾, 译. 中国文联出版社, 2016.

11. 吴承恩. 西游记. 人民文学出版社, 2018.

12. 郝景芳. 孤独深处. 浙江文艺出版社, 2021.

13. 赵国栋, 易欢欢, 徐远重. 元宇宙. 中译出版社, 2021.

14. 邢杰, 赵国栋, 徐远重, 等. 元宇宙通证. 中译出版社, 2021.

15. 焦娟, 易欢欢, 毛永丰. 元宇宙大投资. 中译出版社, 2021.

16. 颜阳. 元宇宙科技产业党政干部学习详解. 中共中央党校出版社, 2022.

17. 冯昊青. 网络虚拟社会道德构建的理论探讨. 湖南人文科技学院学报, 2006 (01).

18. 陈伟宏. 论道德冷漠及其化解路径. 哲学动态, 2017 (11).

19. 葛晨虹. "道德冷漠"及社会道德问题思考. 苏州大学学报（哲学社会科学版）, 2012, 33 (02).

20. 刘曙辉. 论道德冷漠. 道德与文明, 2008 (04).

21. 李金鑫. 道德判断视域下的道德冷漠. 河北学刊, 2015, 35 (01).

22. 陈新平. 大众传媒的道德冲突与伦理选择. 当代传播, 2013 (01).

23. 郭喨. 自由意志、决定论与道德责任：一个实证的新研究. 伦理学研究, 2021 (01).

24. 黄裕生. 论自由与伦理价值. 清华大学学报（哲学社会科学版）, 2016, 31 (03).

25. 樊小贤. 论自由意志的伦理意义. 社会科学战线, 2009 (07).

26. 何威. 从御宅到二次元：关于一种青少年亚文化的学术图景和知识考古. 新闻与传播研究, 2018, 25 (01).

27. 周兰珍, 潘洪林. 科技理性与价值理性关系探析. 江苏社会科学, 2007 (06).

28. 王正平. 美国计算机伦理学研究与计算机职业伦理规范建设. 江西社会科学, 2008 (12).

29. 冯昊青. 网络虚拟社会道德构建的理论探讨. 湖南人文科技学院学报, 2006 (01).

30. 教育部办公厅, 工业和信息化部办公厅. 现代产业学院建设指南（试行）. 2020.

31. 国务院. "十四五"数字经济发展规划. 2022.

32. 三大基金推动副中心产业升级. 北京日报, 2022－01－26.

33. 中关村数字媒体产业联盟. 元宇宙术语和传播规范：T/ZDMIA 3—2021. 2021－12－29.

34. 段伟文. 虚拟现实技术的社会伦理问题与应对. 中国自然辩证法研究会 2017 年学术年会. 227－236.

35. 管筱璞，李云舒. 元宇宙如何改写人类社会生活. 中央纪委国家监委网站，2021－12－23. https：//www. ccdi. gov. cn/toutiaon/202112/t20211223_160087. html.

36. 中新经纬. 外媒：日本将成立"元宇宙"协会. 2021－12－07. https：//baijiahao. baidu. com/s？id ＝ 1718492092970834111&wfr ＝ spider&for ＝ pc.

37. 零壹财经. 韩国政府力挺元宇宙：打造元宇宙城市，出台五年规划. 2021－12－03. https：//www. 163. com/dy/article/GQ9RPTPU05198086. html.

38. 环球时报评论. 欧洲人对元宇宙一脸茫然，西方专家：中国已成全球数字经济引领者. 2022－01－15. https：//www. 163. com/dy/article/GTOD5T7S05504DP0. html.

39. 张近山. 万物皆可"元宇宙"？. 人民日报评论，2021－11－17. https：//mp. weixin. qq. com/s/HS5NKh30_vTILjyyzdSrSA.

40. 宋嘉吉，赵丕业. 区块链：元宇宙：互联网的下一站. 2021－05－30. https：//research. gszq. com/research/report？rid ＝ 8ae50584796a49470179b2dfc8cb3b97.

41. 前瞻产业研究院. 2021 年全球 VR 头显设备市场现状、竞争格局及发展前景分析未来出货量将持续增长. 2021－10－11. https：//bg. qianzhan. com/trends/detail/506/211011－88f382bb. html.

# 大变革前夜

我一直在想：这本书应该叫什么名字。我想起了上小学的时候，老师为了让我们好好学习，不要松懈，会跟我们说："你们是祖国的花朵，未来要为祖国的四化建设做贡献。"

我们都知道"四个现代化"指的是农业的现代化、工业的现代化、国防的现代化和科学技术的现代化。这里我们只说科学技术的现代化。其实从现在的视角来看，我觉得科学技术现代化又包含"四化"，分别是电气化、电子化、互联网化、元宇宙化。电气化，让普通大众都能够用上电；电子化，让普通大众都能够用上电脑；互联网化，让普通大众都能够上网。现在前面三步已经完成，我们正处于元宇宙化的阶段。

大家都知道，1994 年互联网进入中国，从此一大群有理想、有抱负、有知识、有胆量的青年人掀起了波澜壮阔的互联网创业浪潮，也涌现出一大批互联网的弄潮儿。1994 年、1995 年就是互联网伟大变革的开始。2021 年是元宇宙元年，2022 年的元宇宙，就相当于 1995 年的互联网。我们有理由相信，现在就是另一个伟大变革的前夜。所以我就想了一个名字，叫作《元宇宙：大变革前夜》。

我相信每一位读者都能够理解电气化给人类带来了什么样的变化，也能够理解电子化给人类带来了什么变化。互联网化给我国带来的变化，大家印象更加深刻，因为这就是过去不到 30 年的时间一直在发生的事情。我们相信，未来元宇宙对我们的生活、工作和学习产生的影响将更加深远。所以元宇宙是又一次历史大变革，它对人类的影响将远远超出前面三次。

今天，我们就处在这个伟大历史变革的前夜。既然是前夜，就会有很多人感觉很黑暗，很迷茫，没有方向，也会有很多人看不到曙光。历史的弄潮儿，从来都是那些能够在前夜找到曙光，并一直朝曙光前进的人。希望本书能够给大家带来一丝曙光、一丝希望，帮大家看得更远。也希望跟读者一道，不断丰富元宇宙的内涵，充实元宇宙的场景，提升元宇宙的技术，为中国元宇宙的美好未来呐喊。

龚才春